Meinolf Wacker

lückenlos und kurvenreich

Mein Weg

LOGBUCH 3

Unser ganzes Dasein ist dazu bestimmt, zu lodern und zu wärmen. Überall, wo die Liebe Eingang gefunden hat, verwandelt sie unser Leben in Brennstoff.

Madeleine Delbrêl

Inhaltsverzeichnis

Ein Wort zuvor

„Hast du ein paar Minuten Zeit?", fragt sie mich am Telefon. „Gerne!" willige ich ein. Als ich ihr zum ersten Mal begegnet bin, war sie 18, voller Tatendrang. Sie hatte ihr Abi in der Tasche und war bereit, in ihr Leben aufzubrechen. Während ihrer Schulzeit hatte sie die Chance gehabt, Europa zu besuchen. Das hatte eine Sehnsucht in ihrer Seele hinterlassen.

So hatte sie für das Studium ihr Land verlassen. Sie begann zu erzählen: „Oft war es schwer für mich, allein zu sein, weit weg von meiner Familie. Ich habe immer wieder geweint. Aber so habe ich gelernt, Dunkelheiten auszuhalten, nie aufzugeben und dem Leben zu trauen! Und jetzt habe ich's geschafft!" Sie hat jeden Augenblick gelebt – lückenlos! Mittlerweile hat sie ihre Berufsausbildung abgeschlossen und eine tolle Stelle gefunden. Sie hat gelernt, auf ihr Herz zu hören und sich ins Leben mit all seinen Kurven hineinzunavigieren.

Um solche jungen Menschen, die sich ins Leben gewagt haben und darin angekommen sind, geht's in diesem Logbuch 3. Sie haben ihre Segel in den unendlichen Wind gestellt und gespürt, zu welcher Fahrt sie fähig sind.

Jeweils fünf junge Frauen und Männer aus den Herkunftsländern Albanien, Deutschland, Eritrea, dem Kosovo, aus Polen und der Ukraine erzählen aus ihrem Leben. Sie lassen dich teilhaben an dem, was sie bewegt und auf den Weg gebracht hat. Sie erzählen von ihren Träumen, ihrem Mut und ihren Rückschlägen, von Menschen, die ihnen geholfen, und von Fragen, die sie weitergebracht haben.

Vielleicht kommt dir das eine oder andere fremd vor. Zum Beispiel, wie selbstverständlich einige der Protagonist*innen dieses Buches von ihrem Glauben sprechen. Aber den Ort, wo wir geboren werden, und das Milieu, in dem wir aufwachsen und das uns zutiefst prägt, suchen wir uns nicht selber aus. Vielleicht ist es ja gerade das Fremde und Andersartige, das einlädt, eigene Lebensüberzeugungen zu befragen, auf Entdeckungsreise zu gehen und Neuland zu betreten.

Ich würde mich freuen, wenn die in diesem Buch geteilten Erfahrungen und Fragen dir Mut machen, deinen eigenen Weg zu wagen und deinen Platz in der Welt zu finden. Und ich wünsche dir, dass du gegen alle Widerstände deinem Weg treu bleiben kannst – lückenlos und kurvenreich. Es geht nicht immer geradeaus. Doch denk daran, es gibt immer eine Lösung! Der Windvogel steigt ja bekanntlich (nur) im Gegenwind. Meine guten Gedanken und die von unserem ganzen Team begleiten dich!

Meinolf Wacker

Amela

1. Wann ist zum ersten Mal eine Idee für deinen Weg aufgeblitzt?

Einen eindeutigen Moment, in dem mir mein Lebensweg wie ein Blitz vom Himmel klar vor Augen stand, hat es für mein Leben nicht gegeben. Woran ich mich jedoch sehr lebendig erinnere, ist, dass ich immer eigenständig sein wollte - schon als kleines Kind. Ich wollte die Dinge selbst - ohne fremde Hilfe - machen. Ich wollte alles ausprobieren, wollte hinaus in die Welt. Für meine Eltern war es oft nicht möglich, mich finanziell bei all meinen kreativen Ideen zu unterstützen. Deshalb wurde mir schon früh klar: Du musst dir - im Vergleich zu anderen - die doppelte Mühe geben, um das zu erreichen, was du willst!

2. Mit wem hast du über deine Lebensträume sprechen können?

Mein Lebenstraum war, mein Heimatland Albanien zu verlassen, um meine Fähigkeiten besser ausbilden zu können. Darüber habe ich früh mit meinen Eltern gesprochen. Sie haben mich darin bestärkt. Mir war dieses Vertrauen seitens meiner Eltern, vor allem meines Vaters geschenkt. Er hatte keine Angst, mich alleine gehen zu lassen. Für die damalige Mentalität in meinem Land war das sehr bemerkenswert. Auf meinem weiteren Weg durfte ich immer wieder Menschen begegnen, mit denen ich über meine Wünsche und Träume sprechen konnte. Viele haben mir Mut gemacht, einfach weiterzugehen.

3. Welche Menschen sind dir Vorbild gewesen?

Eine konkrete Person, von der ich sagen konnte: „So will ich auch mal sein!", hatte ich nie als Vorbild. Aber es gibt einige Menschen, die ich auf meinem Weg kennengelernt habe und sehr schätze. Ihre Art und Weise, ihr Leben zu gestalten und zu leben, und die Werte und Ziele, für die sie einstehen, haben einen großen Eindruck auf mich gemacht. Diese Begegnungen haben mich geprägt. Ich habe große Achtung vor diesen Menschen und bin sehr dankbar, ihnen begegnet zu sein.

1. Gegen welche Widerstände in dir, in deiner Umgebung und auf deinem Weg musstest du kämpfen?

Die größten Widerstände lagen in mir selbst. Nachdem ich mein Land verlassen hatte, kam immer wieder die Angst in mir hoch, es nicht zu schaffen und zu scheitern. Das war schon da. Jetzt im Nachhinein denke ich, dass es ganz normal war, weil ich einen großen Schritt in meinem Leben gewagt hatte. Es wäre nicht normal gewesen, wenn ich da gar keine Angst gehabt hätte. Diese Ängste haben mich auch während des Studiums noch eine lange Zeit begleitet. Ich hatte Angst, die Prüfungen nicht zu schaffen und wieder in mein Heimatland zurückkehren zu müssen.

5. Was hat dir Mut gemacht, aufzubrechen?

Ich war erfüllt von der Sehnsucht, etwas Besseres, etwas Großes aus meinem Leben zu machen. Da, wo ich aufgewachsen bin, war vieles nicht möglich. Damit war ich nicht zufrieden. Diese – sagen wir – latente Unzufriedenheit oder, positiv ausgedrückt, diese „Sehnsucht nach mehr" war für mich der Motor aufzubrechen, und mutig etwas Neues auszuprobieren. Wäre mein Lebensabenteuer in dem neuen Land gescheitert, hätte ich in meine Heimat zurückkehren müssen. Das Leben dort kannte ich schon. Also hatte ich nichts zu verlieren.

6. Welche Fragen haben dir weitergeholfen?

In herausfordernden Situationen, in denen ich nahe dran war aufzugeben, hat mir die Frage nach dem größeren Sinn meines Lebens geholfen, um nicht in den augenblicklichen Schwierigkeiten zu versinken. Diese Frage hat mir eine neue Weitsicht gegeben. Ich habe verstanden, dass mein Leben viel mehr wert ist als eine nicht bestandene Prüfung oder eine Bewerbungsabsage oder eine sonst erfahrene Ablehnung. Wichtig war mir immer, Dinge auszuprobieren, geleitet von der Frage: Warum nicht?! Wenn etwas dann nicht gelang, hatte ich zumindest ein gutes Gewissen, es ausprobiert zu haben.

7. Welche Schwierigkeiten auf deinem Weg haben dich weitergebracht?

Ich denke, meine größte Schwierigkeit war die Tatsache, allein in ein fremdes Land gegangen zu sein. Ohne die konkrete Unterstützung meiner Familie kämpfte ich für eine bessere persönliche Zukunft. Obwohl ich Freunde und Bekannte an meinem Studienort gefunden habe, fühlte ich mich trotzdem allein. Am Anfang war mir nicht so bewusst, wie schwer es sein würde, alle Herausforderungen des Alltags allein bestehen zu müssen. Ich bin einem Traum, einer Idee für mein Leben gefolgt. Aber ich wusste zu Beginn nicht, was das mich „kosten" würde. Ich habe zweierlei gelernt: Erstens kannst du im Leben nicht immer alles haben! Und zweitens: Das Leben gibt dir, was du im jeweiligen Moment gerade brauchst!

8. Wer oder was hat dir geholfen, wenn's mal ganz schwer war?

In den schwersten Zeiten haben mir Freunde und meine Familie geholfen. Oft reichte es, wenn mir jemand aufmerksam zugehört hat, um auf meinem Weg zu bleiben und weiterzukämpfen. Aber nicht immer war jemand da. In Situationen, in denen ich ganz allein war, habe ich in Stille angefangen zu beten bzw. zu meditieren. So ist eine Beziehung zu Gott gewachsen. Und ich habe gelernt, mich mit meinen Gefühlen auseinanderzusetzen. Ich habe angefangen aufzuschreiben, was ich fühlte, um freier zu werden. Das bedeutet nicht, dass es keine Probleme mehr gab, aber sie haben mich nicht mehr so belastet.

9. Dein Lebensmotto?

In verschiedenen Lebensphasen gab und gibt es verschiedene Mottos für mich, oft mehrere gleichzeitig. Doch eines, das mich immer begleitet, ist: „Don't give up!"

10. Welche Bedeutung hat der Glaube für dich auf deinem Weg?

Mein Glaube bedeutet mir viel. Ich praktiziere ihn in meinem täglichen Leben. Er trägt mich. Er gibt mir Mut und Hoffnung und auch das Gefühl, auf meinen Weg nie allein zu sein.

11. An welches Highlight denkst du gern zurück?

Es gibt viele Highlights, an die ich gerne zurückdenke. Ein absoluter Höhepunkt jedoch war der Moment, als mir der Mastertitel an der Universität Graz verliehen wurde. Meine ganze Familie war dabei. Von diesem Augenblick hatte ich immer geträumt. Ich hatte es geschafft! Die Freudentränen in den Augen meiner Eltern werde ich nie vergessen. Obwohl sie kein Deutsch sprechen und folglich das, was gesagt wurde, nicht verstehen konnten, war es für sie ein ganz besonderer Moment. Sie verstanden nichts und haben doch alles verstanden. Sie waren sehr stolz auf mich.

12. Welche Begegnung war für dein Leben wichtig?

In meinem Leben bin ich vielen Menschen begegnet, die für mein Leben ein Geschenk waren. Und das ist immer noch so und wird sicher auch so bleiben. Ich habe oft die Erfahrung gemacht, dass Menschen für mich zu einem Geschenk wurden, wenn ich ganz da sein und mich für sie öffnen konnte. Ich erlebe viele Personen als ein Geschenk, das es zu entdecken gilt. Das macht das „Abenteuer Leben" so reich.

13. Was macht dich glücklich?

Ich bin immer dann sehr glücklich, wenn ich mit Menschen zusammen Zeit verbringe, bei denen ich so sein kann, wie ich bin, ohne mich verstellen zu müssen. Und wo ich ganz ICH sein darf, da spüre ich tief in mir: Ich bin geliebt! Das ist für mich eine Quelle tiefen Glücks.

14. Was möchtest du gern noch erreichen?

Ich bin glücklich und dankbar, dieses unglaubliche „Abenteuer Leben" leben zu dürfen. Ich versuche, aufmerksam und offen für Neues zu sein, indem ich auf meine innere Stimme, auf mein Herz höre. Ich bin sicher, dass noch viele interessante und schöne Dinge vor mir liegen. Ich freue mich darauf und ich bin bereit dafür!

15. Dein Impuls für die Lesenden?

Geh achtsam durch dein Leben, um die Chancen, die es dir zuspielt, zu erkennen! Nimm die Herausforderungen deines Lebens mutig an! Probiere Dinge aus! Und wenn nicht alles gelingt, sei milde und barmherzig mit dir selbst!

Amela ist von verschiedenen Menschen geprägt worden und ist sehr dankbar dafür. Welche Menschen haben dich in deinem Leben weitergebracht?

Amela wollte immer eigenständig sein – schon als kleines Kind. Wie wolltest du als Kind gerne sein?

Julian

1. Wann ist zum ersten Mal eine Idee für deinen Weg aufgeblitzt?

Ich war 15 Jahre alt. Kurz vor den Sommerferien bekam ich von der Kirche einen Flyer für eine spannende Reise nach Bosnien und Herzegowina. Es ging darum, zusammen mit Jugendlichen aus ganz Europa in sozialen Projekten zu arbeiten. In fuhr mit und in meiner Gruppe renovierten wir in Rekordzeit die Wohnung eines alten Ehepaares. Diese Tage harter Arbeit haben mich geprägt und eine ungeahnte Energie in mir entfacht. In diesem Moment wusste: Ich will meinen Glauben leben und solche Momente der Lebendigkeit mein ganzes Leben lang spüren! Mein Lebensweg war noch nicht klarer geworden, aber ich war bereit, mich voll und ganz dieser Leidenschaft hinzugeben, ohne genau zu wissen, was auf mich zukommen würde.

2. Mit wem hast du über deine Lebensträume sprechen können?

Nach meiner Rückkehr von dieser tiefgreifenden Erfahrung war es schwierig, jemanden zu finden, mit dem ich darüber sprechen konnte. Natürlich teilte ich meine Erlebnisse mit meinen Eltern. Sie waren begeistert, doch im Schulalltag verblasste die Energie schnell, und eine gewisse Traurigkeit machte sich breit in mir. Meine Freunde, die nicht dabei waren, konnten nicht nachvollziehen, welche tiefen Erfahrungen ich dort gemacht hatte. Mit viel Mut suchte ich das Gespräch mit demjenigen, der die Bosnienfahrt initiiert hatte. Es war nicht leicht, als 15-Jähriger mit ihm über meine Gefühle zu sprechen.

3. Welche Menschen sind dir Vorbild gewesen?

Überraschenderweise fühlte ich mich tief verstanden von ihm. Er ermutigte mich, an meiner Suche dranzubleiben. Wir sprachen auch über ein mögliches Auslandsjahr, das ich mir schon länger gewünscht hatte. Ich dachte nicht an so etwas wie „Work and Travel"; arbeiten würde ich sowieso noch in meinem Leben, und Reisen könnte ich ebenfalls später noch. Ich suchte nach etwas, was mich erfüllen könnte, wenn man so sagen kann, „unter dem Horizont von Sinn und Glauben". Eine Zeit in einem Kloster war es definitiv nicht, aber was? Im Gespräch kristallisierte sich heraus, dass ich vielleicht bei einem Sozialprojekt in Argentinien mitmachen könnte.

4. Gegen welche Widerstände in dir, in deiner Umgebung und auf deinem Weg musstest du kämpfen?

Für eine Zeit dorthin zu gehen bedeutete, Familie, Freunde und meine Freundin zurücklassen zu müssen. Warum machst du das eigentlich, habe ich mich zwischendurch gefragt. Ich sah, was ich alles verpassen würde, wenn ich fortgehe: Partys mit meinen Freunden, die Beziehung zu meiner Freundin ... Mein Ja zum Auslandsjahr bedeutete, auf vieles verzichten zu müssen. Ich hatte den Eindruck, das eine Ja zieht zehn Neins nach sich. Um zu meiner Entscheidung zu stehen, musste ich lernen, zu diesen Neins zu stehen. Das war absolut schwer für mich!

5. Was hat dir Mut gemacht, aufzubrechen?

Mir kommt das Lied „Vertraut den neuen Wegen" von Klaus-Peter Hertzsch in den Sinn. Ich wusste nicht, was mich im Ausland erwarten würde. Doch ich hatte ein grundlegendes Vertrauen in meinen Glauben, vielleicht in Gott – ich kann es nur schwer in Worte fassen. Es fühlte sich richtig an, dieses Ja zu geben, alles Vertraute hinter mir lassen und für ein Jahr nach Argentinien zu gehen. Heute kann ich sagen: Es gibt bei aller Ungewissheit kein schöneres Gefühl, als etwas zu tun, was dein Herz berührt und dir wirkliche Erfüllung schenkt.

6. Welche Fragen haben dir weitergeholfen?

Verpasse ich wirklich so viel, wenn ich weggehe, oder ist es nicht vielmehr die Chance, ganz viel Neues zu erleben, so dass ich gar keine Zeit habe, darüber nachzudenken, was ich vermisse? Wie würde ich mich fühlen, wenn ich diese Erfahrung nicht machen würde? Welche Möglichkeiten bieten sich mir durch diese Entscheidung?

Bin ich bereit, den nötigen Mut aufzubringen, um den Widerständen zu begegnen und meinen eigenen Weg zu gehen?

7. Welche Schwierigkeiten auf deinem Weg haben dich weitergebracht?

In Argentinien traf ich auf einen anderen Freiwilligen, der mir auf den ersten Blick unsympathisch war. Seine Kleidung, seine Frisur, sein Blick – alles an ihm stieß mich ab. Ich betete, dass er nicht in meiner WG landen würde. Aber es kam anders. Ich beschloss, ihn zu ignorieren. Eine Woche später bat er mich um Hilfe. Er erzählte mir seine Geschichte, sie berührte mich tief. Er hatte schon viel gelitten. Er war ein Mensch wie ich, mit Ängsten und Hoffnungen, Träumen und Problemen. Wir konnten uns ganz offen von uns und unserem Leben erzählen. Ich schämte mich für mein vorschnelles Urteil. Wir fanden eine gemeinsame Ebene, auf der wir uns austauschen konnten.

8. Wer oder was hat dir geholfen, wenn's mal ganz schwer war?

In den dunkelsten Momenten fand ich Trost in den Telefonaten mit meiner Mutter. Es ist schwer, das als stolzer junger Mann zuzugeben, aber diese Gespräche waren einfach die besten. Manchmal brauchte ich die Sicherheit und Wärme, die nur die eigene Mutter bieten kann. Obwohl sie nichts Konkretes für mich tun konnte, war sie da, um zuzuhören und mir zu versichern: „Mein Kind, es wird alles gut werden!" Es waren Worte wie diese, die mich aufbauten und stärkten. In diesen Momenten erkannte ich, wie wichtig die bedingungslose Liebe einer Mutter ist und wie sie uns durch die härtesten Zeiten trägt.

9. Dein Lebensmotto?

„Tu camino nos lleva al paraíso" – „Dein Weg führt uns ins Paradies".

Dieses Motto lässt mich Gott vertrauen. Er geht meinen Weg mit, dessen bin ich mir sicher. Es gibt Hindernisse, manchmal geht es bergab, aber ich gehe den Weg meines Lebens nicht allein. Es gibt viel zu entdecken!

10. Welche Bedeutung hat der Glaube für dich auf deinem Weg?

Der Glaube spielt für mich eine wichtige Rolle. Mal war er stark in mir, mal schlummerte er eher verborgen im Untergrund. Andere Aspekte meines Lebens standen dann im Vordergrund. Aber ohne meinen Glauben könnte ich nicht sein. Immer wieder kehre ich zu ihm zurück. Es gab und gibt an der Hand Gottes noch so viel zu entdecken. Besonders stark spüre ich meinen Glauben, wenn ich konkrete Erfahrungen mit dem Evangelium mache und mein Glaube sozusagen „alltagstauglich" wird. Durch meinen Glauben bin ich mit ganz vielen Menschen und Freund*innen auf der Welt verbunden.

11. An welches Highlight auf deinem Weg denkst du gern zurück?

Es war einer meiner letzten Tage in Argentinien. Meine WG, eine bunte Truppe aus acht jungen Männern aus sechs Nationen, wollte eine Tour unternehmen zu Orten, die wir noch nicht kannten. Wir stießen auf verlassene Bauernhöfe, bestaunten nachts den klaren Sternenhimmel, blickten in die Unendlichkeit. Wir haben auch gestritten, sprachen über die Probleme unserer WG und fanden Lösungen. Wir haben zusammen tiefe Lebenserfahrungen gemacht, die uns geprägt und verändert haben.

12. Welche Begegnung war für dein Leben wichtig?

Es gibt viele Momente in meinem Leben, die mich berührt und geprägt haben, aber es sind vor allem die unscheinbaren Begegnungen im Alltag, die das Herz erwärmen. Das Lächeln eines Kassierers, der trotz der Hektik und des Drucks seinen Job mit Freundlichkeit erledigt. Oder zu erleben, wie es mir erst mal schwerfällt, auf jemanden zuzugehen, und dann zu merken, wie froh mich die Begegnung gemacht hat. Oder der Augenblick, in dem ich es schaffe, meinen Stolz zu überwinden und einen Freund um Verzeihung zu bitten: Da spüre ich voller Glück, wie eine Last von meiner Seele abfällt.

13. Was macht dich glücklich?

Es gibt nichts Schöneres für mich, als jemandem wirklich zuzuhören und von innen her zu verstehen, was er sagt, ohne weiter meinen eigenen Gedanken nachzuhängen. Wenn ich dann spüre, dass auch der andere mich versteht und wertschätzt, bin ich zutiefst glücklich und fühle mich verbunden, nicht mehr einsam, sondern als Teil einer Gemeinschaft. Das sind sehr wertvolle Momente.

14. Was möchtest du gern noch erreichen?

Ich habe den Kopf voller Träume, die ich noch verwirklichen oder ausprobieren möchte. Aber mein größter Wunsch ist es, jeden Tag zu leben und ihn zu genießen und mit offenen Augen durch die Welt zu gehen. Ich möchte noch mehr lernen, die kleinen Dinge wertzuschätzen und mich für neue Erfahrungen und Eindrücke begeistern zu lassen. Ich warte nicht auf morgen, sondern fange schon heute damit an.

15. Dein Impuls für die Lesenden?

Dein Leben ist ein farbenfrohes Abenteuer,
das niemals langweilig wird.

Dein Lebensweg ist voller Höhen und Tiefen,
die dich wachsen und lernen lassen.

Das Leben ist ein kostbares Geschenk!

Ich bin dir dankbar, dass du dir
– vielleicht aus Neugier – Zeit genommen hast,
meine Zeilen zu lesen.

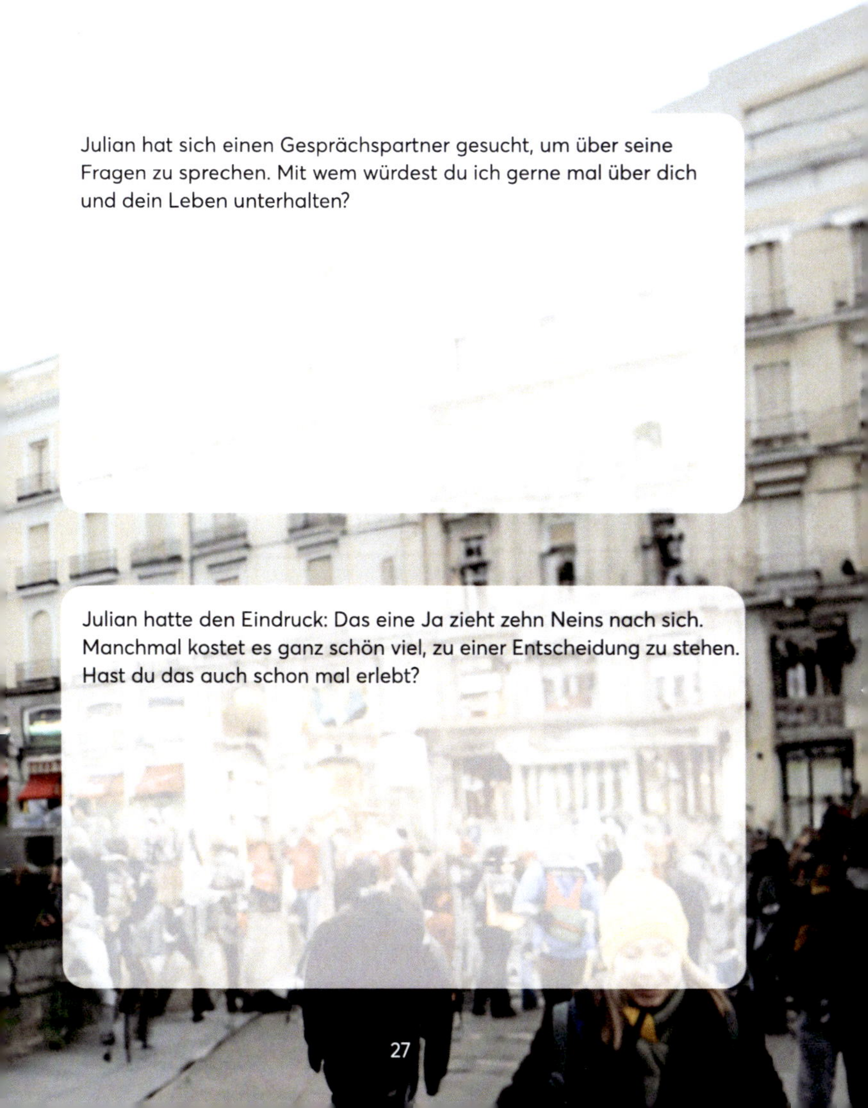

Julian hat sich einen Gesprächspartner gesucht, um über seine Fragen zu sprechen. Mit wem würdest du ich gerne mal über dich und dein Leben unterhalten?

Julian hatte den Eindruck: Das eine Ja zieht zehn Neins nach sich. Manchmal kostet es ganz schön viel, zu einer Entscheidung zu stehen. Hast du das auch schon mal erlebt?

Viktoria

1. Wann ist zum ersten Mal eine Idee für deinen Weg aufgeblitzt?

Mein Weg hat sich über Jahre entwickelt und war begleitet von so manchen Bauch-Entscheidungen. Fragen, die mich dabei berührten, waren: Was bewegt mein Herz? Wo liegen meine Leidenschaften und Talente? Wie kann es mir gelingen, in dem, was ich tue, nicht um mich zu kreisen? Wie kann ich als Frau beruflichen Ehrgeiz mit dem Wunsch nach einer Familie vereinbaren? Während der Schulzeit zeigten sich meine Stärken in den Naturwissenschaften. Ich wollte die Welt besser verstehen lernen und habe mich entschieden, Bauingenieurwesen zu studieren. Mit meinem wachsenden Wissen nahm auch meine Sorge um die Welt zu. Klimawandel und Biodiversitätsverlust wurden brennende Themen für mich. So fand ich meinen Weg und spezialisierte mich auf den ökosystemstärkenden Küstenschutz.

2. Mit wem hast du über deine Lebensträume sprechen können?

Über meine Lebensträume habe ich vor allem mit den Menschen gesprochen, die mich besonders gut kennen und von denen ich wusste, dass sie nur das Beste für mich wollen. Das waren meine Eltern, meine Schwester, enge Freunde und mein jetziger Ehemann. Auch in meinem Arbeitsumfeld habe ich offen über meine Ideen und Ziele gesprochen. So konnte ich meine Vorstellungen aus unterschiedlichen Perspektiven reflektieren und mich weiterentwickeln. Neben dem Beruf gehört der Wunsch nach einer liebevollen Familie zu meinem Lebenstraum.

3. Welche Menschen sind dir Vorbild gewesen?

Ich habe verschiedene Vorbilder in den Bereichen, an denen mein Herz hängt. Im Bereich Familie sind es meine Eltern. Sie haben mich bedingungslose Liebe und Vertrauen gelehrt. Im Glauben ist es meine Großmutter. Sie hat mir den Glauben sehr nah gebracht. Als polnisches Kind hat sie den Zweiten Weltkrieg durchlebt; in ihrem Erzählen hat sie mir eindrucksvoll gezeigt, wie viel Kraft und Lebensfreude der Glaube mit sich bringt. Die Wissenschaftlerin Marie Curie ist mir ein Vorbild darin, unbeirrt und voller Hingabe den eigenen Leidenschaften nachzugehen und auf unterschiedlichste Weise die Welt zu verbessern.

4. Gegen welche Widerstände in dir, in deiner Umgebung und auf deinem Weg musstest du kämpfen?

In meinem Berufsleben war es ganz klar die traditionelle Rollenverteilung, vor allem das Frauenbild. Grundsätzlich unterschätzt, oft sogar missachtet zu werden, nagt ganz schön am Selbstbewusstsein. Da es sich dabei nicht um ein Randphänomen, sondern eher um ein gesamtgesellschaftliches Phänomen handelt, begann ich oft zu (ver-)zweifeln. Ich habe mich so machtlos gefühlt. Zudem habe ich in meinem persönlichen Umfeld leider viele schlechte Erfahrungen mit Freundschaften gemacht, die ohne erkennbaren Grund endeten oder vielleicht auch nie echte Freundschaften waren. Auch das hat mich an mir und meinen Weg zweifeln lassen.

5. Was hat dir Mut gemacht, aufzubrechen?

Jeder Mensch ist unendlich geliebt von Gott, der uns das Leben als Geschenk anvertraut hat. Diese unumstößliche Gewissheit ist eine große Hilfe für mich. Was mir immer wieder hilft, weiterzugehen, ist ein vertrauensvolles Ohr. Ich finde es in meiner Familie, bei Freunden und meinem Ehemann. Da erfahre ich ganz konkrete Liebe und Unterstützung. Doch es gibt Situationen, in denen mir scheint: Niemand kann weiterhelfen. In diesen Momenten horche ich in mich hinein, nehme meine Gedanken und Fragen wahr.
Dann wird mir, meditierend und betend, bewusst, was mich antreibt und bewegt.

6. Welche Fragen haben dir weitergeholfen?

Es hilft mir häufig, mir bewusst zu machen, was mich bewegt und mich glücklich macht. Zum Beispiel versuche ich herauszufinden, was mich antreibt und welche Fähigkeiten ich besitze, um weiterzukommen. Je nach Situation stelle ich mir Fragen wie diese: Was für eine Person möchte ich sein? Was möchte ich durch meine Art und mein Handeln ausstrahlen? Was für ein Leben möchte ich führen? Wie kann ich etwas Gutes beitragen – für andere Menschen oder für die Natur? Habe ich ein Vorbild, auf das ich schauen kann, um mein Handeln und Denken zu bewerten?

7. Welche Schwierigkeiten auf deinem Weg haben dich weitergebracht?

Einige gute Freundschaften sind wie gesagt unschön zu Ende gegangen. Das waren für mich schwere Erfahrungen. Bohrende Zweifel haben an mir genagt. Es kamen Fragen wie: Bin ich kein guter Mensch? Ist die Zeit, die ich mit ihnen als Freunde geteilt habe, für sie ohne Wert? Ich hatte echt zu kämpfen. Doch es hat sich gelohnt! Durch das Überwinden all dieser Schwierigkeiten ist mir eine wichtige Erfahrung geschenkt worden: „Wo sich eine Tür schließt, öffnet sich eine andere." Wenn Beziehungen zerbrachen, habe ich viel über mich und über das, was geschehen war, nachgedacht. Ich habe auch gelernt, es hinzunehmen, wenn sich jemand gegen eine Freundschaft mit mir entschieden hat, bzw. entscheidet. Selten begleitet uns eine Person unser ganzes Leben lang, trotzdem hat die in Liebe geteilte Zeit einen bleibenden Wert. Für mich sorgen Freunde für Freude im Leben. Ich freue mich über jeden Menschen, der mir auf einer Wegetappe meines Lebens Freund*in war und ist.

8. Wer oder was hat dir geholfen, wenn's mal ganz schwer war?

Meine Familie und enge Freunde waren und sind Ankerpunkte für mich, wenn's schwer wird. Aber wenn ich mich an die dunkelsten Momente zurückerinnere, dann muss ich sagen, dass es mein Glaube war, der mir spürbar geholfen hat. Wenn das Leben schwer lastet, will ich die Last, die ich spüre, unbedingt loswerden. Mein Glaube schenkt mir in solchen Augenblicken die Gewissheit, dass da immer und überall liebevolle Hände sind, in die ich alles, auch ganz Schwieriges hineinlegen kann. Daran erinnere ich mich im Gebet, sei es in einer Kirche oder daheim. Und wenn ich unterwegs bin, einfach gedanklich.

9. Dein Lebensmotto?

Sei deinem Herzen treu! Trag es in der Hand und auf der Zunge! Sei dankbar für dein Leben, es ist ein Geschenk mit vielen Überraschungen. Die schönsten Pfade sind oftmals nicht schnurgerade. Sei dir bewusst, du wirst geliebt. Habe Vertrauen!

10. Welche Bedeutung hat der Glaube für dich?

Mein Glaube schenkt mir in erster Linie viel Ruhe und Gelassenheit. Ich weiß, dass ich immer geliebt bin. Im Chaos des Lebens ist mein Glaube eine wichtige Konstante. Mich geliebt zu wissen, gibt mir die Kraft, in (fast) jedem Moment positive Gedanken und Gefühle zu haben. Um ein Bild zu gebrauchen: Mein Glaube ist für mich wie ein Kompass, der mir hilft, mein Handeln auszurichten und persönlich zu wachsen.

11. An welches Highlight denkst du gern zurück?

Zu den Highlights meines Lebens gehören in jedem Fall meine kirchliche Hochzeit und die Geburt meines Neffen und Patenkindes. Beides waren besonders glückliche Momente in meinem Leben. Highlights waren weiterhin Reisen, auf denen ich die Schönheit und die Vielfalt der Welt und der Menschen entdecken durfte. Gerne denke ich auch an die Zeit meiner Kindheit zurück, als meine Großmutter, die ja für meinen Glauben so wichtig war, mit meiner Familie im selben Haus lebte.

12. Welche Begegnung war für dein Leben wichtig?

Es sind die Begegnungen mit meinem Ehemann und meinen besten Freunden. Der innigen Beziehung zu meiner Großmutter verdanke ich, wie schon gesagt, meinen Glauben. Prägend war für mich außerdem die Begegnung mit Not, Armut und Elend. Ich bin sozial, finanziell oder gesundheitlich benachteiligten Menschen begegnet, Flüchtlingen in Deutschland, einem drogenabhängigen Kind auf den Philippinen und HIV-Patienten in Brasilien. Diese Begegnungen waren sehr wichtig für meinen „inneren Kompass" und für die Entwicklung meiner Persönlichkeit.

13. Was macht dich glücklich?

Es macht mich glücklich, wenn ich weiß, dass Familie und Freunde gesund sind. Ich bin auch sehr glücklich darüber, dass ich selbst gesund bin. Besonders glücklich bin ich in Augenblicken, die mein Leben bereichern: Das sind die Momente, in denen ich eine tiefe Liebe und echten Frieden erfahre. Das sind auch Momente, in denen ich begeistert und fasziniert bin. Wenn meine Freude sich dann noch auf meine Umgebung positiv auswirkt, dann wächst mein Glück ins Grenzenlose.

14. Was möchtest du gern noch erreichen?

Ich freue mich, wenn bald meine Promotion erfolgreich geschafft ist. Für meine berufliche Karriere ist das ein großer Schritt. In Zukunft möchte ich als gestandene Ingenieurin meine Fähigkeiten einsetzen. Ich möchte weiterhin eine eigene Familie gründen, eine liebevolle Ehe führen, hoffentlich mit glücklichen Kindern. Am Ende meines Lebens möchte ich gerne sagen können: Du hast dazu beigetragen, die Welt ein kleines Stückchen besser zu machen als sie vor dir war.

15. Dein Impuls für die Lesenden?

Das Leben ist so bunt und vielfältig, dass ein Weg auch mal holprig oder steinig sein kann. Denk immer daran: Schwierigkeiten sind überwindbar, da du nie allein bist! Genieße die glücklichen Momente deines Lebens! Sie sind eine besondere Umarmung des Lebens. Hör auf dein Herz!

In schweren Momenten horcht Viktoria in sich hinein, um meditierend und betend, zu verstehen, was sie gerade antreibt und bewegt. Wie schaffst du es in herausfordernden Augenblicken, in Kontakt mit dir selbst zu sein?

Viktoria erinnert sich gern an die Zeit, als ihre Großmutter, die besonders wichtig für die Entwicklung ihres Glaubens war, mit ihrer Familie im selben Haus lebte. An welche prägenden Erfahrungen deiner Kindheit erinnerst du dich gerne?

Rikardo

1. Wann ist zum ersten Mal eine Idee für deinen Weg aufgeblitzt?

Ich erinnere mich, dass ich mit 17 Jahren zum ersten Mal intensiv über mein Leben nachgedacht habe. Ich hatte gerade die High School abgeschlossen und war offen für viele Wege, die ich in meinem Leben einschlagen könnte. Es war eine Zeit voller Sehnsüchte und Träume, aber auch voller Zweifel. Ich erinnere mich, dass ich über alles Mögliche nachgedacht habe, aber die Idee, Krankenpfleger zu werden, schien mir für mich am passendsten: Ich wollte immer schon wissen, wie ich bei Unfällen im Alltag reagieren kann. Außerdem hat das Beispiel meines Bruders, der Krankenpfleger ist, diese Idee in mir noch verstärkt.

2. Mit wem hast du über deine Lebensträume sprechen können?

Es gibt zwei Personen, mit denen ich häufig über meine Träume gesprochen habe. Zum einen meine Mutter, die für mich meine beste Freundin ist. Charakterlich sind wir ähnlich veranlagt, sie ist auch so ein sensibler Mensch wie ich, hat aber schon viel mehr Erfahrung. Zum anderen mein Bruder, der elf Jahre älter ist als ich. Er ist so etwas wie ein größeres Ebenbild von mir, körperlich und emotional. Bis heute kann ich mit ihm über alles reden.

3. Welche Menschen sind dir Vorbild gewesen?

Wie gesagt: mein älterer Bruder. Schon als kleines Kind habe ich ihn bewundert. Die Gespräche, die wir führten, seine Ratschläge – all das war sehr wertvoll für mich. Eine weitere Person, über die ich viel gelesen habe und deren Lebensweg ich sehr bewundere, ist Mutter Theresa. Sie ist ein Vorbild für viele Menschen, vor allem in meinem Heimatland Albanien. Ich trage viele ihrer Zitate über die Liebe, für die wir Menschen geschaffen sind, tief in meinem Herzen.

4. Gegen welche Widerstände in dir, in deiner Umgebung und auf deinem Weg musstest du kämpfen?

Das größte „Hindernis" war ich selbst. Als Jugendlicher habe ich immer wieder an meinen Entscheidungen gezweifelt. Das passiert mir immer noch. Jetzt, da ich 23 Jahre alt bin, habe ich begonnen, mein Leben stärker in die Hand zu nehmen. Manchmal macht es mir Angst, aus der eigenen Komfortzone auszubrechen und etwas Neues zu wagen. Aber ich weiß, es ist wichtig: Nur so kann ich das Beste aus meinem Leben machen.

5. Was hat dir Mut gemacht, aufzubrechen?

Ein berühmtes Wort von Mutter Theresa lautet: „Das Leben ist eine Chance, nutze sie. Leben ist Leben, kämpfe dafür!" Ich versuche, das Beste aus den Gelegenheiten zu machen, die sich mir bieten. Letztes Jahr hatte ich die Gelegenheit, einen der berühmtesten Musikprofessoren Albaniens zu treffen. Als er mich singen hörte, sagte er mir, ich hätte eine tolle Stimme, die sich gut zum Tenor ausbilden ließe. Daraufhin habe ich angefangen, bei ihm Unterricht zu nehmen und Musik zu studieren. Ob das etwas bringen wird, wer weiß? Aber ich würde es nie erfahren, wenn ich es nicht versuchen würde!

6. Welche Fragen haben dir weitergeholfen?

Es hilft mir, mich zu fragen: Was sind meine Fähigkeiten und wie kann ich sie für mich und für andere einsetzen? Und: Würde ich es bereuen, diese Chance, die sich mir gerade bietet, nicht ergriffen zu haben?

7. Welche Schwierigkeiten auf deinem Weg haben dich weitergebracht?

Die schlimmste Zeit, an die ich mich erinnern kann, war das erste Jahr meines Bachelorstudiums der Krankenpflege. Es gab so viel zu tun, in viele neue Fachbereiche musste ich hineinfinden. Doch mir fehlte die Motivation zum Lernen, weil ich nicht verstehen konnte, was die Studienfächer des ersten Jahres mit dem Beruf als Krankenpfleger zu tun haben sollten. Ich wollte so schnell wie möglich die praktische Arbeit erlernen. Für alles andere hatte ich keine Geduld. Kein Wunder, dass ich die Prüfungen nicht bestanden habe. Das machte alles noch schlimmer, denn ich wusste, dass es jetzt noch länger dauern würde, bis ich endlich praktisch arbeiten und Menschen ganz konkret helfen kann. In dieser Situation durchzuhalten, ist mir sehr schwer gefallen.

8. Wer oder was hat dir geholfen, wenn's mal ganz schwer war?

Das zweite Jahr des Bachelorstudiums habe ich ganz knapp geschafft. Während eines Praktikums in der Notaufnahme traf ich einen Krankenpfleger, der Jahre zuvor seinen Abschluss gemacht hatte. Ich erzählte ihm, dass ich an meinen Fähigkeiten, Krankenpfleger werden zu können, zweifelte. Er lächelte und sagte: „Das Gleiche habe ich auch gedacht, als ich noch im Studium war. Aber der Start muss nicht perfekt sein. Wir machen Fehler auf dem Weg. Doch vergiss nie deine Träume und deine Ziele!" Das hat mir sehr geholfen; es war für mich wie ein Wendepunkt.

9. Dein Lebensmotto?

Lebe in diesem Augenblick!
Lebe so, dass du nichts bereuen musst, was du getan hast!

10. Welche Bedeutung hat der Glaube für dich auf deinem Weg?

Da ich in einer katholischen Familie aufgewachsen bin, war der Glaube ein wichtiger Teil meines Lebens. Ich denke gerne an den Satz eines Priesters, zu dem ich einen guten Draht habe: „Gott ist der Künstler, der das Gemälde unseres Lebens malt, und wir sind Pinsel in seiner Hand. Manchmal malt er unser Leben mit hellen Farben, manchmal aber auch mit dunklen." In den schönen Momenten erinnere ich mich daran, dass sie nicht so schön wären ohne den Schmerz, der nötig war, um dorthin zu gelangen.

11. An welches Highlight auf deinem Weg denkst du gern zurück?

In der Mittel- und Oberstufe musste ich vier Mal die Schule wechseln. Es war schwierig, die Schule zu finden, die für mich passte. Jedes Mal hatte ich Angst, in den neuen Klassen keinen Anschluss zu finden. Aber bei jedem neuen Start ist es mir gelungen, mich gut zu integrieren. Das hat mich stark gemacht. Heute bin ich glücklich über viele Freundschaften, die da entstanden sind. Diese Erfahrungen haben mich offener für neue Möglichkeiten und Herausforderungen werden lassen.

12. Welche Begegnung war für dein Leben wichtig?

Ich hatte die Gelegenheit, an drei go4peace-Sommercamps teilzunehmen, in Albanien, Polen und der Tschechischen Republik. Diese Erfahrungen sind für mich bisher unübertroffen. Es war eine große Freude, jungen Menschen aus ganz Europa zu begegnen. Wir haben gemeinsam Freiwilligenarbeit geleistet, hatten Spaß und haben zusammen gebetet. Auch die Gespräche über die Herausforderungen, mit denen wir in unseren verschiedenen Ländern konfrontiert sind, und über die Beiträge, die jedes Land Europa geben kann, sind mir lebendig in Erinnerung.

13. Was macht dich glücklich?

Nicht glücklich macht es mich, das kann ich mit absoluter Sicherheit sagen, wenn ich in meiner Komfortzone verharre und das Leben nur passiv hinnehme, wie es kommt! Ich möchte etwas Großes aus meinem Leben machen. Deshalb bin ich glücklich, wenn sich neue Chancen ergeben und ich sie auch ergreife. Ich lasse mich gern von etwas Neuem herausfordern. Oft bringt mich das auf Wege, die ich mir vorher nicht erträumt hätte.

14. Was möchtest du gern noch erreichen?

Ich möchte gerne als examinierte Pflegefachkraft in Deutschland arbeiten. Wenn alles nach Plan läuft, werde ich in ein paar Monaten dort in einer Klinik beginnen. Das ist die bisher größte Herausforderung für mich. Ich werde weit weg von meiner Heimat und meiner Familie sein. Aber es ist meine große Chance, da ich mich in Deutschland beruflich weiterentwickeln kann. Außerdem möchte ich die Möglichkeit ausloten, meine Stimme ausbilden zu lassen. Ich bin sehr gespannt, was das Leben mir zuspielen wird!

15. Dein Impuls für die Lesenden?

Es ist nie zu spät, mit der Verwirklichung deiner Lebensträume zu beginnen! Schwer ist es, einmal bereuen zu müssen, dass du etwas nicht gewagt hast. Wach auf! Engagiere dich für deine Ziele! Und hab keine Angst, Fehler zu machen!

Rikardo hat den Mut, Neues auszuprobieren. Er weiß, er muss es ausprobieren, um zu erfahren, ob es ihm etwas bringt. Was möchtest du gerne mal ausprobieren und wagen?

Rikardo rät: Hab keine Angst, Fehler zu machen! Über welche Fehler wärest du traurig, wenn du sie nicht gemacht hättest, weil du gerade viel aus ihnen gelernt hast?

Christin

1. Wann ist zum ersten Mal eine Idee für deinen Weg aufgeblitzt?

Mit zwölf, da wollte ich unbedingt Schriftstellerin werden: Ich wollte Geschichten erzählen und meiner Fantasie freien Lauf lassen!

2. Mit wem hast du über deine Lebensträume sprechen können?

Mit meiner besten Freundin, aber eigentlich brauchte ich niemanden dazu. Ich bin meinen Träumen gefolgt und habe sie in meiner Freizeit praktisch umgesetzt. Das Schreiben ist eines meiner liebsten Hobbys. Auf diesem Weg gelingt es mir, meine Gefühlswelt zu verarbeiten.

3. Welche Menschen sind dir Vorbild gewesen?

Meine Eltern und mein Bruder, vor allem mein Papa. Er war ein sehr gerechtigkeitsliebender Mensch und hat fest an eine andere, eine bessere Welt geglaubt und dafür gekämpft. Meine Mutter hat mich durch ihren Glauben sehr gestärkt und mir, ohne es zu wissen, aus meiner Hoffnungslosigkeit herausgeholfen.

4. Gegen welche Widerstände in dir, in deiner Umgebung und auf deinem Weg musstest u kämpfen?

Ich musste gegen vieles kämpfen, um dem Traum einer inklusiven Gesellschaft, in der Menschen mit Behinderung ihren Platz finden, näher zu kommen. So habe ich auf viele Barrieren im Alltag, wie etwa hohe Bürgersteige, Treppen ohne Geländer, kaputte Aufzüge, usw. aufmerksam gemacht. Da ich schon früh meinen Vater verloren habe, ist meine Verlustangst wohl die größte Angst, gegen die ich kämpfe. Manchmal befällt mich die Sorge, noch jemanden aus der Familie, meinen Freund oder gute Freunde zu verlieren. Zu meinen schönsten Erfolgserlebnissen gehört es, wenn ich diese Ängste überwinden kann.

5. Was hat dir Mut gemacht, aufzubrechen?

Meine Lust auf Zukunft und auf Neues hat Neugierde und Abenteuerlust fürs Leben in mir geweckt. Wichtig war vor allem mein Studium der Theaterwissenschaft. Es hat meine Persönlichkeit geformt und gefördert. Ich habe mich auf neue Wege gewagt und bereichernde Erfahrungen gesammelt. Vor allem die Zeit im inklusiven Studierendenwohnheim hat mich mein Leben aus einem ganz anderen Blickwinkel betrachten lassen. Es hat mich ermutigt, weiter an ein inklusives Miteinander zu glauben: Was dort zählte, war der Mensch, nicht sein Äußeres.

6. Welche Fragen haben dir weitergeholfen?

Das war vor allem die Frage nach mir selbst: Wer bin ich und wer möchte ich sein? Weitergeholfen hat mir die Auseinandersetzung mit meinen eigenen Bedürfnissen und Grenzen. Auf diesem Weg habe ich mehr entdeckt, wer ich wirklich bin. Meine wichtigste Erkenntnis war: Du musst nicht immer allen gefallen! Du kannst es auch gar nicht allen recht machen. Du darfst auch mal nein sagen und unkonventionelle Wege gehen. Darin lag für mich der Impuls: Mach es etwas anders als deine Mitmenschen!

7. Welche Schwierigkeiten auf deinem Weg haben dich weitergebracht?

Es waren Konflikte mit Freunden, die ich durchlebt habe. Weitergebracht hat mich auch meine Zeit in Berlin, die von Einsamkeit geprägt war. Das hat mich gelehrt, die Momente des Lebens, die ich mit meinen Liebsten teilen darf, noch mehr wertzuschätzen. Ich habe gelernt, bewusst das Hier und Jetzt zu genießen und mich nicht in sorgenvolle Zukunftsgedanken zu verlieren. Die Augenblicke des Lebens sind einzigartig. Ich will sie bewusst leben und auskosten, um später auf diese positiven Momente zurückblicken zu können. Durch Konflikte habe ich mich tiefer entdeckt und gelernt, mit Kritik an meiner Person umzugehen. So bin ich mit und an der jeweils anderen Person gewachsen und gereift. Gerade in Krisenzeiten habe ich begonnen, mich selbst und die Andersartigkeit des anderen zu akzeptieren, zu tolerieren und gleichzeitig wertzuschätzen.

8. Wer oder was hat dir geholfen, wenn's mal ganz schwer war?

Meine beste Freundin ist für mich ein Fels. Sie ist mit ihrem offenen Ohr immer für mich da und wenn Probleme länger anhalten, bleibt sie stets geduldig. Auch die Treue anderer Freunde und meiner Familie trägt mich. Ich denke an meinen Bruder, der immer ein positives Wort oder eine Umarmung für mich hat, an meinen Papa, der mich durch seine witzige, lebensfrohe, sensible Art daran erinnert hat, nie aufzugeben und an meine Mama, die alles für mich tut, damit es mir gut geht. Auch an meinen Freund, der immer für mich da ist. Und an Oma und Opa!

9. Dein Lehbensmotto?

Wer nicht wagt, der nicht gewinnt! Wenn du nichts wagst, schließt du damit aktiv mögliche positive Erfolgserlebnisse aus, privat wie beruflich. Ein anderes Motto von mir: Gesetze sind da, um sie zu verändern.

10. Welche Bedeutung hat der Glaube für dich auf deinem Weg?

Er stärkt mich und gibt mir die Zuversicht, meine Liebsten doch einmal wiederzusehen. Er hilft mir durch schwierige Zeiten hindurch. Er gibt mir Mut und Hoffnung. Ich fühle mich beschützt und geborgen. Er erlaubt mir, all das auszusprechen, was ich gerade denke oder fühle, ohne dass jemand wertet oder verurteilt, was ich sage. Gott ist ein toller Begleiter in der Stille und ein guter, vertrauenswürdiger Zuhörer oder auch eine Zuhörerin. Gott kann alles sein. Als gütiger Begleiter geht er alle Wege deines Lebens mit.

11. An welches Highlight auf deinem Weg denkst du gern zurück?

Mit Freude denke ich an meine Studierendenzeit in meiner WG zurück. Ebenso fallen mir glückliche Kindergeburtstage und Weihnachtsfeste ein. Genauso gern denke ich an die heißen, unbeschwerten Sommertage mit meinem Bruder, als ich noch ganz klein war, zurück und an meine erste Schlittenfahrt im Schnee.

12. Welche Begegnung war für dein Leben wichtig?

Vor allem denke ich an die Begegnung mit Menschen, denen es schlechter ging als mir. Ich denke auch an Menschen, die mich aufgrund bestimmter Umstände nur ein kurzes Stück meines Lebens begleiten konnten oder wollten. Ohne die Begegnung mit ihnen hätte ich nie erfahren, was Freude und was Schmerz bedeutet. Diese Erfahrungen haben mich reifen lassen.

13. Was macht dich glücklich?

Glücklich macht mich, Zeit mit meiner Familie, mit meinen Freunden und mit meinem Partner zu verbringen. An diese Begegnungen denke ich oft gern zurück. Im Zusammensein kann ich Kraft und Energie tanken und meine Batterien wieder aufladen.

14. Was möchtest du gern noch erreichen?

Irgendwann meine eigenen Bücher zu veröffentlichen, wäre ganz schön – aber ohne Zwang und Hektik.

15. Dein Impuls für die Lesenden?

Lerne dich selbst zu akzeptieren. Gott akzeptiert dich mit all deinen Stärken und Schwächen. Umgib dich (nur) mit Menschen, die dir guttun, weil sie dich akzeptieren, wie du bist, denn du bist ein einzigartiges Werk der Natur. Versuche dir dies gerade in schweren Zeiten stets bewusst zu machen.

Für Christin ist Verlustangst die größte Angst, gegen die sie zu kämpfen hat. Welche Ängste machen dir dein Leben schwer?

Die Auseinandersetzung mit den eigenen Bedürfnissen und Grenzen hat Christin sehr geholfen. Was brauchst du für dich selbst, um in deinem Alltag glücklich zu sein?

Simon

1. Wann ist zum ersten Mal eine Idee für deinen Weg aufgeblitzt?

Ich bin in einer großen Familie aufgewachsen: zusammen mit meiner Mutter, meinem Bruder und der gesamten Familie meines Onkels. Wir waren viele Personen im Haus. Deshalb hat man uns Kinder ermutigt, nach den Hausaufgaben draußen zu spielen. Ich aber blieb gern im Haus und schaute fern; vor allem die Nachrichtsendungen interessierten schon sehr früh. Wenn über berühmte Persönlichkeiten berichtet wurde, träumte ich davon, auch mal „so wichtig" zu sein. Im Laufe der Jahre habe ich verschiedene Personen regelrecht verehrt. Meine Vorstellung von „wichtig" hat sich mittlerweile verändert, doch ein Kern meiner kindlichen Träume vor dem Fernseher ist bis heute geblieben: Ich möchte jemand sein, der mit seiner Kompetenz etwas bewirken kann.

2. Mit wem hast du über deine Lebensträume sprechen können?

Die Person, mit der ich immer offen über meine Träume gesprochen habe, war meine Mutter. Sie war da, um mir zuzuhören, wenn ich darüber nachdachte, was ich tun wollte. Sie erinnerte mich daran, hart zu arbeiten, zu lernen und mir treu zu bleiben. Und sie hat mich ermutigt, Gott nie zu vergessen.

3. Welche Menschen sind dir Vorbild gewesen?

Mein großes Vorbild ist meine Mutter. Viele eifern großen Namen aus der Welt der Wirtschaft, der Technik und des Sports nach. Doch bei mir ist das anders. Meine Mutter ist für mich, wenn man so sagen kann, Antrieb und Motor! Ihre Lebensgeschichte, ihre Bereitschaft, für mich und meinen Bruder so manches zu opfern, und ihre harte Arbeit, um für uns zu sorgen, das hat mich am meisten inspiriert –für mein ganzes Leben. In einer Zeit, als sie jünger war als ich jetzt, musste sie schwere Entscheidungen treffen. Dafür kann ich sie nur bewundern, mit ihrem Mut ist sie ein Vorbild für mich.

4. Gegen welche Widerstände in dir, in deiner Umgebung und auf deinem Weg musstest du kämpfen?

Ich hatte mit großen Selbstzweifeln zu kämpfen. War alles, was ich in meinem Leben tun und werden wollte, nur ein Traum? Da ich aus einer Familie stamme, der es finanziell nicht gut ging, waren mir weitere Grenzen gesetzt. All das, wovon ich träumte, hatte einen so hohen Preis, dass ich es erst einmal gar nicht in Erwägung zog. Zu allem Überfluss war ich auch noch der Einzige in meiner Familie, der studieren wollte. Ich habe es dann auch tatsächlich verwirklicht! Aber als Erster und Einziger in der Familie diesen Schritt zu wagen, hat mich viel Kraft gekostet.

5. Was hat dir Mut gemacht, aufzubrechen?

Ich habe in meiner Familie immer wieder erlebt, dass wir um Dinge kämpfen mussten, über die andere Menschen nicht einmal nachdenken müssen. Damit konnte und wollte ich mich nicht zufrieden geben. Aus dieser Situation wollte ich herauskommen. So war ich hoch motiviert, härter zu arbeiten als viele andere und mich auf mein Vorankommen

6. Welche Fragen haben dir weitergeholfen?

Ich habe mich immer wieder gefragt: Bin ich mit der Situation, in der ich mich befinde, zufrieden? Ist es möglich, aus einer Situation auszusteigen und etwas anderes zu tun? Hat jemand, den ich kenne, schon mal etwas Ähnliches getan? Meine Antworten auf diese Fragen waren schnell klar. Das Einzige, was mir fehlte, war oft der Mut, die Antworten zu leben und sie umzusetzen.

7. Welche Schwierigkeiten auf deinem Weg haben dich weitergebracht?

Oft war es schwer für mich, nicht alles auf (m)einem Teller serviert zu bekommen. Diese Herausforderung hat mich gelehrt, um grundlegende Dinge zu kämpfen. Dabei habe ich auch gelernt, kleine Dinge wertzuschätzen und mit wenig auszukommen. Das Leben hat mich gelehrt, Schwierigkeiten als Chancen zu begreifen. Wie oft habe ich mich gefragt: Warum ich? Aber ich bin nicht dabei stehen geblieben. Diese Frage hat mich kreativ werden lassen. So sind immer wieder Ideen geboren worden, die mich selbst vorangebracht haben. Da meine Familie relativ arm war, blieb vieles für uns unerschwinglich. Das war oft schwer für mich, doch ich habe dadurch gelernt, zu unterscheiden, was im Leben wichtig ist und was nicht, was Dekoration und was Substanz ist.

8. Wer oder was hat dir geholfen, wenn's mal ganz schwer war?

Menschen mit ehrlichem Herzen und mein Glaube. Mein Lebensweg hat mich immer wieder in schwierige Situationen gebracht. Ich bin dankbar, dass ich dann Menschen um mich hatte, meine Familie und Freunde (auch im go4peace-Netzwerk), die für mich da waren und mir geholfen haben. Mein Glaube hat mich in dunklen Zeiten entdecken lassen, dass nicht alles düster ist, mag es auch so scheinen. Ich bin sehr dankbar für all die Freunde, die mich in schweren Zeiten ermutigt haben, an mich und an Gott zu glauben und weiterzugehen. Diese Kombination, Freunde und Glauben, macht mein Leben aus!

9. Dein Lebensmotto?

Das Leben ist nicht einfach. Wenn du fällst, steh wieder auf!
Und: Führe dir immer wieder vor Augen, wo du hinwillst!

10. Welche Bedeutung hat der Glaube für dich auf deinem Weg?

Der Glaube hat in meinem Leben und auf meinem Weg eine wichtige Rolle gespielt. Er hat mich stark gemacht, Herausforderungen und Hindernisse anzunehmen und sie zu überwinden. Wenn ich Angst hatte, die Kontrolle über mein Leben zu verlieren, fand ich in meinem Glauben Festigkeit und einen Frieden, den niemand mir geben konnte. In ihm fand ich Trost, wenn ich mich einsam und traurig fühlte. Und in Zeiten, in denen er aus meinem Blickfeld geriet, haben Glaubende, die ich sehr schätze, ihn mir neu nahegebracht. Der Glaube hat mein Leben einfacher und komplizierter gemacht – immer aber besser!

11. An welches Highlight auf deinem Weg denkst du gern zurück?

Ich hatte mich an der TU München für einen Master-Studiengang beworben. Den Augenblick, als der Zulassungsbescheid kam, werde ich wohl nie vergessen. Nach einer Unzahl von Problemen, Diskussionen, Ablehnungen und anderen Hindernissen war dieser Brief eine unglaubliche Nachricht: Er hat mir den Weg in eine Zukunft eröffnet, von der ich lange geträumt hatte.

12. Welche Begegnung war für dein Leben wichtig?

Ein langes, tiefes Gespräch mit einem italienischen Priester in Albanien werde ich nicht vergessen. Da ist mir zum ersten Mal aufgegangen, was „Glauben mitten im Leben" heißt: Es kommt darauf an, meinen Glauben in meinem täglichen Leben „zu tun", ihn zu praktizieren. Die Worte Jesu wollen ja gehört und getan werden. So etwas hatte ich noch nicht gehört, das war eine neue Perspektive. Diesen Lebensstil habe ich dann in den Sommercamps des go4peace-Netzwerkes erleben und leben dürfen. Ich versuche ihn in meinem alltäglichen Leben umzusetzen.

13. Was macht dich glücklich?

Ich bin glücklich, wenn ich eine positive Veränderung im Leben eines Menschen bewirken kann, egal ob groß oder klein. Glücklich bin ich auch, wenn ich jemandem ein Lächeln schenken kann, nachdem ich etwas für ihn getan habe. Ich bin weiterhin glücklich, wenn ich für meine Familie und meine Freunde da sein kann und wenn ich ein offenes Ohr für jemanden habe, der etwas loswerden muss.

14. Was möchtest du gern noch erreichen?

Ich möchte finanziell unabhängig werden, um für mich und meine Familie sorgen und um etwas verschenken zu können. Ich war schon häufig auf der Empfängerseite. Mein Wunsch ist es, auf der Geberseite zu stehen. Ich möchte gern für andere da sein, weil ich so dankbar bin für die Menschen, die für mich da waren, als ich sie am meisten brauchte.

15. Dein Impuls für die Lesenden?

Hab Mut zu träumen! Hab keine Angst zu scheitern! Wenn du ausrutschst, steh wieder auf! Hab keine Angst, um Hilfe zu bitten! Vor allem: Verliere nicht den Glauben – den Glauben an dich und an Gott.

Simon hat sich oft gefragt: Ist es möglich, aus einer Situation auszusteigen und etwas anderes zu tun? Was möchtest du gern in deinem Leben anders haben? Wie kannst du es ändern?

Das Leben hat Simon gelehrt, Schwierigkeiten als Chancen zu begreifen. An welchen Schwierigkeiten, zu denen du ja gesagt hast, bist du gewachsen?

Amelie

1. Wann ist zum ersten Mal eine Idee für deinen Weg aufgeblitzt?

Ich war vielleicht neun Jahre alt. Ich sang in der Mädchenkantorei der Dommusik München und sollte am Ende der Messe dem Domorganisten umblättern. Es war das erste Mal, dass ich diesem gewaltigen Instrument ganz nahe war; es zog mich fest in seinen Bann und hat mich seither nicht mehr losgelassen. An einen Beruf in dieser Richtung habe ich aber überhaupt nicht gedacht. Auch später konnte sich niemand vorstellen, dass dies einmal mein Lebensweg werden sollte. Noch während des Studiums war mir oft selbst nicht klar, was ich mal genau machen würde. Dieser Weg entsprach schließlich nicht der Norm; das hatten vor mir erst wenige gemacht. Organistin zu werden, das war etwas, was erst noch reifen und sich über Jahre, ja Jahrzehnte hinweg allmählich herauskristallisieren musste.

2. Mit wem hast du über deine Lebensträume sprechen können?

Ich habe allen, die bereit waren, zuzuhören, davon erzählt. Leider musste ich sehr früh entdecken, dass kaum jemand so richtig geglaubt hat, dass ich meinen Berufswunsch verwirklichen könnte. Jeder, der es gut mit mir meinte, versuchte mich auf eine andere Bahn zu lenken und machte mir andere Vorschläge. Ganz Unrecht hatten sie ja nicht; auch ich hatte bei meinen Entscheidungen lange Zeit immer das sogenannte „zweite Standbein" im Blick. Doch irgendwann habe ich dann verstanden, dass es genau das war, was mich davon abhielt, wirklich alles zu geben.

3. Welche Menschen sind dir Vorbild gewesen?

Vorbilder hatte ich nie wirklich, aber es gab viele Menschen, die mich auf meinem Weg inspiriert haben. Der berühmte Dirigent Mariss Jansons hat einmal gesagt: „Wenn Gott einem Talent geschenkt hat, muss man sich mit harter Arbeit dafür bedanken." Dieser Satz hat mich als Kind schwer beeindruckt. Ich bin jedoch auf meinem Weg genauso vielen Menschen begegnet, bei denen ich mir sicher war: Genau so möchte ich es eben nicht machen! Letzten Endes waren diese Begegnungen vielleicht sogar wichtiger …

4. Gegen welche Widerstände in dir, in deiner Umgebung und auf deinem Weg musstest du kämpfen?

Es hieß immer: „Dein Traumberuf ist finanziell unsicher!" Oder: „Was du machst, interessiert sowieso keinen! In zehn oder zwanzig Jahren schon gar nicht mehr!" Ich weiß gar nicht, wie oft ich zu hören bekam, ich solle lieber „etwas Anständiges" studieren, Jura, Medizin oder BWL. Dann habe ich mich gefragt: Was will ich denn nun eigentlich in meinem Leben? Glücklich sein und etwas verändern – oder einfach nur einen sicheren Job haben? Meine Frage war und bleibt: Was bedeutet es für mich, zu „leben"?

5. Was hat dir Mut gemacht, aufzubrechen?

Ich habe mir oft die Frage gestellt: Wenn nicht ich für das, was mir wichtig ist, kämpfe – wer dann? Diese Frage hält mich auch heute noch am Laufen! Bis zum Abitur habe ich versucht, auf andere zu hören, es jedem recht zu machen. Das ist unmöglich! Bei einem Wettbewerb, bei dem ich knapp das Finale verfehlte, sagte mir ein Juror: „Du polarisierst mit deinem Spiel. Das ist gut! Verbiege dich nie für den Mainstream. Hab Geduld, sei fleißig. Deine Zeit wird kommen!" Tatsächlich, wenige Wochen später stand ich im Finale eines viel wichtigeren Wettbewerbs. Das hat mein Denken sehr verändert!

6. Welche Fragen haben dir weitergeholfen?

Was möchte ich im Leben erreichen?
Was möchte ich auf dieser Welt verändern?
Schaffe ich das alleine? Oder wer hilft mir dabei?
Wenn nicht ich, wer dann?

7. Welche Schwierigkeiten auf deinem Weg haben dich weitergebracht?

Die erfolgreichsten Menschen im Leben sind oft diejenigen, die die meisten Niederlagen erlitten haben. Es gilt: „What doesn't kill you, makes you stronger!" – Was dich nicht umbringt, macht dich stark! Ich musste lernen und akzeptieren, dass mein Weg für viele eben nicht verständlich ist. Immer das schwarze Schaf zu sein, egal ob in der Familie oder in der Schule, das braucht starke Nerven! Als Künstler ist man zudem konstant gezwungen, sich unter Beweis zu stellen. Man darf sich keine Fehler erlauben und strebt endlos nach Perfektion, vielleicht sogar nach einer Utopie. Das war und ist ein enormer Druck, mit dem ich lernen musste, umzugehen. Doch es hat mir auch geholfen, Resilienz aufzubauen. Niederlagen habe ich viele erlebt. Oft kamen mir Zweifel und ich habe mich dann gefragt: „Ist es das Richtige, was ich da tue?" Zurückblickend bin ich jedoch gerade für diese Schwierigkeiten dankbar. Ohne sie wäre ich nicht zu dem Menschen geworden, der ich heute bin.

8. Wer oder was hat dir geholfen, wenn's mal ganz schwer war?

Wenn es ganz schwer war, habe ich mich daran erinnert, warum ich das alles tue, warum ich diesen Weg eingeschlagen habe, wo ich es doch vielleicht viel einfacher hätte haben können. Aber die Augenblicke, die ich erlebt habe, am Instrument sitzend, beim ungestörten Üben, auf der Bühne beim Applaus, beim Unterrichten und Weitergeben meines Wissens an die nachkommende Generation – all das sind Emotionen und Glücksgefühle, die ich einfach nicht missen möchte! Die Musik war für mich von Klein auf ein Ort der Geborgenheit, niemand konnte mir das wegnehmen. Und niemand kann es mir wegnehmen.

9. Dein Lebensmotto?

„No risk, no fun!"
Damit meine ich nicht, dass man übermütig werden und sich zu Dummheiten verleiten lassen sollte. Aber es ist wichtig, der eigenen inneren Stimme trauen zu lernen und dann ruhig einmal etwas zu riskieren, um erfolgreich zu sein!

10. Welche Bedeutung hat der Glaube für dich auf deinem Weg?

Ohne meinen Glauben hätte ich nie zu meinem Beruf gefunden. An erster Stelle stand er für mich jedoch nie. Als Kind war er einfach da, als Ministrantin, als Chormädchen im Dom. Später gab es Lebensabschnitte, in denen ich meinen Glauben hinterfragt habe, aber mit zunehmendem Alter akzeptiere ich ihn wieder mehr und mehr. Es gibt Momente im Leben, die ich anderweitig nicht erklären kann. Da ist etwas, das größer ist als es mein menschlicher Verstand erfassen kann. Glauben misst sich für mich nicht daran, wie oft man in die Messe oder zur Beichte geht. Außerdem: „Wer singt, betet doppelt!"

11. An welches Highlight denkst du gern zurück?

Aus beruflicher Perspektive war eines meiner Highlights wohl das Finale des Wettbewerbs in der Kathedrale zu Chartres und vor allem das nächtliche Üben dort. Als Künstlerin hatte ich das enorme Privileg, diesen magischen Ort ganz allein für mich genießen zu können. Keine Touristen, kein Lärm, nur du und das endlose Gewölbe über dir. Ich spürte förmlich, wie nah sich Erde und Himmel sein können. Daneben waren meine Auslandsjahre in Paris, Mailand und New York wohl die Erfahrungen, die mich am meisten weitergebracht haben und für die ich unendlich dankbar bin.

12. Welche Begegnung war für dein Leben wichtig?

Es gab so viele kleine Momente im Laufe meines Lebens, denen ich zu ihrer Zeit keine weitere Beachtung geschenkt habe. Heute bin ich immer wieder erstaunt darüber, wie sich nach und nach alle Puzzleteile meines Lebens zusammenfügen. Oft merke ich erst im Nachhinein, wie wichtig bestimmte Ereignisse und Begegnungen waren. Vielleicht hat jemand einen Satz nur so dahingesagt, aber später kann es genau der Satz sein, der zu einer lebensverändernden Entscheidung drängt. Für mich steht fest: Alles im Leben hat seinen Sinn.

13. Was macht dich glücklich?

Wenn ich sehe, wie Musik Menschen verändert und Konzertbesucher am Ende zu mir kommen, um mir davon zu erzählen, wie meine Musik sie zutiefst berührt und bewegt hat, dann bin auch ich zufrieden. Ich bin glücklich, weil ich das Privileg habe, das machen zu dürfen, was mir am meisten am Herzen liegt. Ich bin glücklich, weil ich endlich sagen kann: Ich habe mich selbst gefunden und bin im Einklang mit mir!

14. Was möchtest du gern noch erreichen?

Ich möchte noch viele Menschen für „mein Instrument" begeistern und hoffe sehr, dass sich das Image der Orgel wieder zu einem cooleren und interessanteren hin wandelt. Ich wünsche mir, dass die Klassik-Szene wieder frischen Wind bekommt und es sehr bald wieder als genauso selbstverständlich angesehen wird, in eine Oper oder ins Konzert zu gehen, wie einen Club oder eine Bar zu betreten.

15. Dein Impuls für die Lesenden?

Glaube an dich selbst und habe den Mut, aufzubrechen! Es gibt für jeden auf dieser Welt einen Platz und einen Sinn im Leben! Hör auf deine innere Stimme! Vertraue darauf, dass auch du deinen Platz finden wirst!

„Wenn Gott einem Talent geschenkt hat, muss man sich mit harter Arbeit dafür bedanken." Welches Talent hat das Leben dir in besonderer Weise geschenkt?

Amelie hat sich die Frage gestellt: Was bedeutet es für mich zu leben? Welche Antwort würdest du im Augenblick auf diese Frage geben?

Filmon

1. Wann ist zum ersten Mal eine Idee für deinen Weg aufgeblitzt?

Es war 2014, ich war 16. Intuitiv habe ich verstanden, dass es für mich in meinem Heimatland Eritrea, genauer gesagt in meinem geliebten Heimatdorf Mirgats, keine Zukunft mehr gab. Nichts war mehr sicher. In unserer Region wurden massenhaft Jugendliche völlig willkürlich zwangsrekrutiert. Sie wurden in ein Militärlager im Westen des Landes transportiert und dort gemustert. Ich musste mitansehen, wie Jugendliche ihrer Zukunftsperspektive beraubt wurden. Von diesem Augenblick an erschien mir die Flucht aus meinem Heimatland als einziger Ausweg, um in Freiheit meinen eigenen Weg gehen zu können.

2. Mit wem hast du über deine Lebensträume sprechen können?

Zunächst einmal behielt ich den Plan, Eritrea und das dort brutal regierende Regime für unabsehbare Zeit zu verlassen, für mich. Ich hatte Angst, dass sogenannte „Regimetreue" mich daran hindern könnten. Meiner Mutter davon zu erzählen, war auch keine Option. Sie wusste um all die Gefahren auf den Fluchtwegen und hätte in ihrer Angst nicht zugelassen, dass ich fliehe. Zwar wollte sie mir einen Lebensweg in Würde und Freiheit ermöglichen, aber dass ich dabei das Leben aufs Spiel setze, das hätte sie niemals akzeptiert. Die Entscheidung zur Flucht traf ich folglich nur mit Freunden.

3. Welche Menschen sind dir Vorbild gewesen?

Während der Flucht hat mir das Zusammensein mit meinen Freunden Hoffnung und Mut gemacht. Ohne diesen Zusammenhalt hätte wir auf dem mühsamen und gefährlichen Weg voller Schwierigkeiten nicht durchgehalten. Wir waren uns gegenseitig ein Vorbild der Hoffnung, indem einer den anderen gestärkt hat. Uns war klar, dass wir uns auf einen äußerst riskanten Weg nach Europa begeben hatten. Es gab kein Zurück mehr! Und Gewissheit, ob wir unser Ziel „Europa" erreichen würden, gab es ebenfalls nicht.

4. Gegen welche Widerstände in dir, in deiner Umgebung und auf deinem Weg musstest du kämpfen?

Vor allem waren es bedrängende, belastende Fragen in meinem Herzen: Soll ich meiner Mutter, die ich doch so liebe, von meinem Fluchtplan erzählen? Was soll ich machen, wenn sie Nein sagt und mich anfleht zu bleiben? Was geschieht mit mir, wenn herauskommt, dass ich Eritrea verlassen will? Wie würde ich damit klarkommen, wenn ich für immer als „Landesverräter" im Land inhaftiert würde? Mit diesen Fragen musste ich fertigwerden. Und dann war da die offene bohrende Frage, ob ich den Weg nach Europa überhaupt schaffen würde.

5. Was hat dir Mut gemacht, aufzubrechen?

Der Fluchtweg nach Europa war für mich voller Stolpersteine. Er war eine Qual! Mut und Hoffnung haben sich in meinem Herzen auf diesem Weg immer dann eingestellt, wenn ich an das große Gut der Freiheit dachte: Dafür hatte ich mich ja auf den Weg gemacht! Diese Freiheit, für die wir alles aufs Spiel gesetzt haben, war wie ein Licht am Ende des Tunnels. Ich wollte meine Persönlichkeit ohne Angst entfalten können und meinen Traum nach Bildung verwirklichen. Und mein Glaube, dass Gott all meine Wege mitgeht, hat mich auf den endlosen Wegen nach Europa stets getragen.

6. Welche Fragen haben dir weitergeholfen?

Die Fragen, die ich mir im Zusammenhang mit meiner Flucht gestellt habe, spielten und spielen für mich die Hauptrolle in meinem Leben: Was möchte ich am Ende meines Lebens, das Gott mir geschenkt und anvertraut hat, erreicht und verwirklicht haben? Bin ich bereit, mein Leben in die Hand zu nehmen und mich meinen Fähigkeiten entsprechend zu entwickeln, oder möchte ich mein Schicksal der Hand des eritreischen Regimes überlassen? Was bin ich bereit zu wagen? Meine Entscheidung war klar: Ich habe mich für ein Leben in Freiheit und Würde mit echten Bildungschancen in Europa entschieden.

7. Welche Schwierigkeiten auf deinem Weg haben dich weitergebracht?

Zwei Etappen meines bisherigen Lebensweges waren sehr herausfordernd: einerseits die Erfahrungen der langen Flucht und andererseits das Ankommen in Deutschland. Beide Wegetappen haben mich wachsen lassen. Die Erinnerungen an den langen ungewissen Fluchtweg mit unermesslichem Durst und Hunger und all die Erfahrungen der Erniedrigung und Demütigung durch die Schlepper bringen mich immer wieder dazu, das Leben in Deutschland wertzuschätzen. Aber es war nicht leicht anzukommen. Am Anfang galt es, mit der Sprachbarriere, der deutschen Mentalität und der völlig andersartigen Kultur umgehen zu lernen. Ich musste viele Unsicherheiten überwinden, immer wieder Neues wagen und mir gleichzeitig die Art und Weise hier zu leben aneignen.

8. Wer oder was hat dir geholfen, wenn's mal ganz schwer war?

Es waren die „Leidensgenossen", die auf den langen Wegen der Flucht das Gleiche erlebten wie ich, die mir Mut zugesprochen und Trost gespendet haben. Dieser immer wieder neu geschenkte Zuspruch hat mir geholfen, nicht aufzugeben. Seit meiner Ankunft in Deutschland durfte ich ebenfalls viele Freund*innen kennenlernen, die mir in Schwierigkeiten beigestanden haben und noch immer beistehen.

9. Dein Lebensmotto?

„Glücklich ist nicht der, der alles hat, was er will: glücklich ist vielmehr der, der zu schätzen weiß, was er hat."

10. Welche Bedeutung hat der Glaube für dich auf deinem Weg?

Mein Glaube hat eine zentrale Bedeutung für meinen Weg. Glaube ist für mich nicht nur ein Bekenntnis. Vielmehr will mein Glaube praktiziert werden. Der gelebte Glaube (regelmäßiges Beten, in der Bibel lesen, die Gemeinde besuchen ...) ist für mich wesentlich. Wenn ich sage „ich glaube", dann meine ich nicht den Glauben an irgendein höheres Wesen oder an eine über allem stehende Macht. Vielmehr glaube ich, dass sich Gott in Jesus Christus offenbart hat und dass er sich danach sehnt, eine persönliche Beziehung mit jedem Menschen einzugehen. Er ist (für mich) nicht fern, sondern ist mir ganz nahe.

11. An welches Highlight denkst du gern zurück?

Das größte Highlight auf meinem Weg war die Begegnung mit einer deutschen Frau, die mir wie eine zweite Mutter geworden ist. Ich bin ihr bei einem Kunstprojekt zum ersten Mal begegnet. Im gemeinsamen Malen und Zeichnen entstanden Brücken über alle Verschiedenheiten hinweg. Aus dieser kurzen Begegnung entwickelte sich eine nachhaltige Beziehung. Wenn ich mit ihr und ihrer Familie zusammen bin, fühle ich mich zu Hause. Diesen familiären Anschluss schätze ich sehr.

12. Welche Begegnung war für dein Leben wichtig?

Wie eben erwähnt, war es die Begegnung mit dieser Frau, die mich sozusagen in ihre Familie aufgenommen hat. So habe ich in Deutschland eine Familie finden dürfen. Das erlebe ich als ein großes Geschenk!

13. Was macht dich glücklich?

Glücklich machen mich regelmäßige Kontakte, die ich pflege, seien sie familiär, mit Freunden oder innerhalb meiner Gemeinde. Wenn ich mich über meinen Glauben austauschen kann, spüre ich immer eine tiefe Freude und ein echtes Glück in mir.

14. Was möchtest du gern noch erreichen?

Zurzeit studiere ich Soziale Arbeit und hoffe, das Studium erfolgreich abzuschließen. Dann möchte ich mich – auf dem Hintergrund meiner Biografie – beruflich für Menschen mit ähnlichen Fluchtgeschichten engagieren. Ich möchte sie aus meinen Erfahrungen heraus stark machen für ihr Leben. Ich möchte sie entdecken lassen, dass sie, wenn sie an sich glauben, mit Mut kämpfen und nicht aufgeben, hier in Deutschland alles schaffen können.

15. Dein Impuls für die Lesenden?

Krisen treten in jedem Leben auf – früher oder später
Scheu keine Krisen, denn sie sind (d)eine Chance
Gerade in Krisenzeiten gilt
Glaube an deine Stärken und gib nie auf

Filmon konnte seinen Lebenstraum, nach Europa zu gehen, mit niemandem teilen. Welche inneren Träume und Sehnsüchte hast du noch mit niemandem teilen können?

Filmon ist stolz, es als Flüchtling geschafft zu haben, in Deutschland zu studieren. Auf welche Herausforderungen, die du gemeistert hast, kannst du stolz sein?

Halyna

1. Wann ist zum ersten Mal eine Idee für deinen Weg aufgeblitzt?

Ich wollte immer Lehrerin werden. Als kleines Mädchen setzte ich mich mit meinen Puppen an den Tisch und brachte ihnen etwas bei; als ich etwas größer war, unterrichtete ich meine kleinen Cousins und die Kinder aus der Nachbarschaft. Als ich erwachsen wurde und es an der Zeit war, einen Beruf zu wählen, sagte ich zu meinen Eltern: „Ich will Lehrerin werden!" Ich weiß noch, wie meine Lehrerin bei der Abschlussfeier am Ende meiner Schulzeit zu meiner Mutter sagte: „Schau dir deine Tochter an, sie ist eine richtige Lehrerin!" Also vertraute ich einfach meinem inneren Traum und wurde Lehrerin.

2. Mit wem hast du über deine Lebensträume sprechen können?

Irgendwie war es von Anfang an klar für mich, dass ich Lehrerin werden wollte. Ich hatte nie das Bedürfnis darüber zu sprechen. Ich habe meinen Beruf als Kind einfach gespielt und bin so in diese Rolle hineingewachsen. Auch für die Menschen, mit denen ich zusammen war, in der Familie, Verwandtschaft und Nachbarschaft, war das irgendwie klar. Es war ganz undramatisch.

3. Welche Menschen sind dir Vorbild gewesen?

Meine ältere Schwester war mit ihren positiven Eigenschaften ein großes Vorbild für mich. Sie war immer fröhlich. Als ich zwei Jahre alt war, ging sie ins Kloster. Unbewusst hat sie mich gelehrt, Gott zu lieben und ihm zu vertrauen. So wollte ich auch Ordensfrau werden. Zu Beginn meines Studiums begegnete ich einem jungen Priester. In einem längeren Beichtgespräch fühlte ich mich tief von ihm verstanden. Angesichts meines tiefen Hungers nach Leben sagte er mir: „Hab keine Angst, du selbst zu sein vor dieser Welt, aber vor allem vor Gott. Sei offen, denn du hast eine große Zukunft vor dir!"

4. Gegen welche Widerstände in dir, in deiner Umgebung und auf deinem Weg musstest du kämpfen?

Als Kind war ich sehr schüchtern, fühlte mich oft allein und unsicher. Wurden Witze über mich gemacht, ging ich nach Hause und weinte. An der Uni begann ich, Volleyball zu spielen. Ich war sehr erfolgreich. Das half mir, mutig und hartnäckig in meinen Bemühungen zu werden. Ich fand gute Freundinnen in meiner Mannschaft. Außerdem habe ich schon früh Gedichte geschrieben, schämte mich aber, sie in der Schule vorzutragen. Auf eines meiner Gedichte in der Schülerzeitung kamen viele positive Reaktionen. Das hat mich gestärkt. Ich habe mich meinen Ängsten gestellt und bin so selbstbewusster geworden.

5. Was hat dir Mut gemacht, aufzubrechen?

Bei wichtigen Entscheidungen versuche ich immer, auf meine innere Stimme, mein Herz zu hören. Wenn ich mir dann einen Weg vorstelle, frage ich mich: Was fühle ich? Freude oder Angst? Nach der Uni hatte ich viele Vorstellungsgespräche. Von den Jobs fühlte ich mich jedes Mal überfordert; ich war total deprimiert. Dann habe ich mich im Team eines kleinen Hotels vorgestellt. Als ich dort an der Rezeption zu arbeiten begann, fühlte ich mich rundum wohl. Gut, dass ich so lange gesucht und immer auf mein Herz gehört hatte. Ich war angekommen im Arbeitsleben und habe dort tolle neue Freunde gefunden.

6. Welche Fragen haben dir weitergeholfen?

Wenn ich vor einer Herausforderung stehe und eine Entscheidung treffen muss, frage ich mich mittlerweile fast intuitiv: Warum hat Gott mir diese besondere Situation anvertraut? Wenn ich diese Frage an mein Herz lasse, wächst in mir eine tiefe Gewissheit. Mir ist dann, als würde Gott mir antworten und sagen: „Ich vertraue dir! Ich, Gott, glaube an dich und ich glaube, dass du es schaffst! Sei dir gewiss: Ich bin mit dir!" Das macht mich stark und treibt mich voran! Immer neu!

7. Welche Schwierigkeiten auf deinem Weg haben dich weitergebracht?

Ich versuche, Schwierigkeiten und Herausforderungen in meinem Leben als Chance zu begreifen, etwas zu verändern. Besonders eine Situation kommt mir in den Sinn: Auf der Arbeit hatte ich eine wichtige Veranstaltung zu organisieren. Es war während der Pandemie, ich erkrankte an Covid und durfte meine Wohnung nicht verlassen. Zunächst war ich sehr sauer und ärgerte mich, denn mir ist es wichtig, verlässlich zu sein und meine Aufgaben gut zu erledigen. Doch dann habe ich gelernt, meine Situation zu akzeptieren, wie sie war. Friede kehrte in meine Seele zurück. Und allmählich verstand ich, dass ich der Arbeit, die ich schon eine ganze Zeit machte, überdrüssig geworden war. Ich entschied mich zu kündigen. Schnell fand ich eine neue Arbeitsstelle, die mir Freude machte und mich erfüllte. Schwierigkeiten und Krisen sind für mich wie eine Glocke: Sie ruft mich, sorgsam auf mein Leben zu schauen und, wenn es dran ist, neue Entscheidungen zu treffen.

8. Wer oder was hat dir geholfen, wenn's mal ganz schwer war?

Nachdem ich nach Kyiv gezogen war, begann ich, gutes Geld zu verdienen. Ich war stolz auf mich und fing an, große Pläne zu schmieden. Ich kaufte mir teure Kleidung und andere teure Dinge. Das erste war ein Smartphone, das mir wirklich gefiel. Einen Monat später wurde es mir gestohlen! Ich war total verärgert und verbrachte den ganzen Tag auf der Polizeiwache: Ich wollte es unbedingt wiederbekommen. Mein Herz war wie gefangen. Als ich abends nach Hause kam, begriff ich, welche Lektion Gott mich hatte machen lassen. Ich betete: „Danke, dass du mich wieder auf den richtigen Weg gebracht hast."

9. Dein Lebensmotto?

„Du kannst, wenn du willst!“ Es spielt keine Rolle, wie viele Mittel und Kräfte ich für mein Ziel benötige. Wichtig ist, etwas wirklich zu wollen und daran zu glauben.

10. Welche Bedeutung hat der Glaube für dich auf deinem Weg?

Meine Mutter hat mir früh vermittelt, an Gott zu glauben. Seine Gegenwart entdecke ich täglich neu. Er ist wie der Wind. Ich sehe ihn nicht, aber ich spüre ihn jede Minute. Ich bin nie allein. Seine Liebe ist immer konkret! Kürzlich suchte ich eine Mietwohnung. Um die Kosten zu tragen, tat ich mich mit einer anderen Frau zusammen; gemeinsam fanden wir eine Wohnung. Da meine Mitbewohnerin aber erst einen Monat später einziehen konnte, musste ich die erste Monatsmiete allein aufbringen. Unerwartet wurde mein Gehalt früher überwiesen! Ich war sehr dankbar. Ich habe gelernt, mit Gott zu rechnen wie mit einem guten Freund.

11. An welches Highlight auf deinem Weg denkst du gern zurück?

Meine Fahrprüfung war mein absolutes Highlight. Ich war wahnsinnig aufgeregt. Nachdem ich den theoretischen Teil bestanden hatte, war ich als Erste mit der praktischen Prüfung dran. Vor Aufregung hatte ich das Gefühl, alles vergessen zu haben. Aber ich wollte mich nicht hängen lassen. Ich konzentrierte mich und sagte mir: „Du schaffst das!" Alles Erlernte kam zurück. Ich habe die Prüfung bestanden. Mein Fahrlehrer war begeistert. An diesem Tag habe ich verstanden, dass ich mir selber „meine beste Freundin" sein kann, wenn ich es schaffe, mich zu beruhigen und an mich zu glauben.

12. Welche Begegnung war für dein Leben wichtig?

Jede ehrliche Begegnung ist für mich etwas Besonderes. Mir bleiben solche Augenblicke tief im Herzen. Ich bin sehr dankbar, viele großartige Menschen kennen zu dürfen, mit denen ich gern zusammen bin und meine Erfahrungen teilen kann. Eine wunderbare Begegnung kommt mir in den Sinn: Nach einem Gottesdienst lernte ich eine junge Frau kennen, die mir positiv aufgefallen war. Wir kamen ins Gespräch. Unter uns wuchs ein so tiefes Vertrauen, dass sie mir ihren Entschluss anvertraute, in wenigen Tagen in ein Kloster einzutreten. Ich war tief berührt von ihrer Offenheit! Solche Augenblicke bleiben mir.

13. Was macht dich glücklich?

Durch den Krieg in meinem Land hat sich mein Glücksempfinden verändert. Es sind nicht mehr schöne Reisen, teure Geschenke und vielversprechende Zukunftsperspektiven, die mich glücklich machen. Vielmehr ist es jede Minute meines Lebens, die ich dankbar und aufmerksam leben darf: der Schluck Kaffee am Morgen, der Gang zur Arbeit, der Sonnenstrahl, der mich berührt … Gerade heute Morgen bin ich nach einer Nacht voller Drohnenangriffe auf meine Stadt glücklich aufgewacht. Mein erster Gedanke: Ich darf leben! Glück bedeutet für mich, jeden Augenblick ganz zu leben und dafür dankbar zu sein.

14. Was möchtest du gern noch erreichen?

Ich bin glücklich und dankbar, dieses unglaubliche „Abenteuer Leben" gestalten und leben zu dürfen. Ich versuche, aufmerksam und offen für Neues zu sein, indem ich auf meine innere Stimme, auf mein Herz höre. Ich bin sicher, dass noch viele interessante und schöne Dinge vor mir liegen. Ich freue mich darauf und ich bin bereit dafür!

15. Dein Impuls für die Lesenden?

Und du? Bist du bereit, diese Welt mit offenem und vertrauensvollem Herzen zu entdecken? Lebe jeden Augenblick! Koste ihn aus! Und denk daran, dass Gott dich unendlich liebt!

„Schau dir deine Tochter an! Sie ist eine richtige Lehrerin!"
Für Halyna war diese Aussage eine Bestätigung. Welche Worte anderer Menschen haben dich auf deinem Weg gestärkt?

Halyna hat durch ihren Erfolg in einer Volleyball-Equipe Selbstvertrauen gewonnen. Welches Engagement könnte dein Selbstvertrauen stärken?

Jan

1. Wann ist zum ersten Mal eine Idee für deinen Weg aufgeblitzt?

Dass das Filmemachen für mich ein Weg sein könnte, habe ich zum ersten Mal nach dem Abitur bemerkt. Ich arbeitete ein halbes Jahr lang bei einer großen Möbelfirma und hatte dabei viel Zeit, über meine Zukunft nachzudenken. Ich habe versucht zu schauen, womit ich meine Zeit verbringe und was mich fasziniert. Dabei wurde mir klar, dass mein Interesse am Filmemachen mehr sein könnte als nur ein Hobby. Das Filmen hat mich ununterbrochen in meinem Leben begleitet und war immer mit Freude verbunden: Es hat mir Spaß gemacht! Das war für mich ein starkes Zeichen, dass es das Richtige ist.

2. Mit wem hast du über deine Lebensträume sprechen können?

Da mir immer wieder die Frage gestellt wurde, was ich denn beruflich machen wolle, habe ich mit vielen Menschen in meinem Umfeld gesprochen. Meine Eltern, mein Bruder und meine Freunde waren Menschen, denen ich von meiner Faszination erzählt habe. Einige von ihnen konnten sich mehr andere weniger unter meiner Berufsperspektive vorstellen, da sie keine übliche Beschäftigung ist.

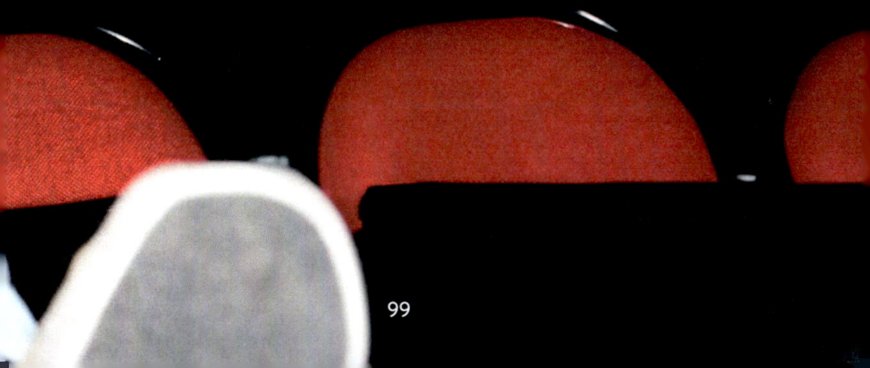

3. Welche Menschen sind dir Vorbild gewesen?

Ich habe in einem Filmstudio ein Praktikum gemacht und dort auch meine Ausbildung begonnen. In diesem Unternehmen habe ich drei besondere Menschen kennengelernt, die mich immer mehr mit der Materie des Filmemachens vertraut gemacht haben. Einer dieser Kollegen ist zu einem absoluten Vorbild für mich geworden. Beruflich wie persönlich hat er mir verschiedenste Einblicke und Sichtweisen vermittelt, die mich beeindruckt und geprägt haben.

4. Gegen welche Widerstände in dir, in deiner Umgebung und auf deinem Weg musstest du kämpfen?

Mein größter Widerstand, den es zu überwinden galt und gilt, ist meine eigene Unsicherheit. Der kreative Beruf, den ich gewählt habe, bringt es mit sich, zu fragen, ob das, was ich tue, wirklich gut genug ist. Diese Gedanken halten mich oft vom Handeln ab. Das kann leicht zur Unterbrechung meiner eigenen Entwicklung führen. Irgendwann habe ich verstanden, dass all mein Tun nie perfekt sein wird und dass ich mich trotzdem gut fühlen kann bei dem, was ich tue. Das war ein echter Lernschritt; ich spüre, wie ich daran gewachsen bin.

5. Was hat dir Mut gemacht, aufzubrechen?

In schwierigen Zeiten suchen wir oft nach schnellen Lösungen von außen. Als ich in meiner Selbstfindungsphase war, bin ich auf das Buch „Das Café am Rande der Welt" von John Strelecky gestoßen. Darin wird deutlich, dass jeder Mensch einen Sinn für sein Leben hat. Mir ging auf: Wenn ich dem folge, was ich als meinen Sinn entdeckt habe, finde ich ein erfülltes Leben. Das Buch hat mich verstehen lassen, wie einfach es ist, glücklich zu sein. Es gilt das zu tun, was ich liebe. So war ich bereit, die Tür in mein selbstbestimmtes Leben zu öffnen.

6. Welche Fragen haben dir weitergeholfen?

Es gibt immer Personen, die das, was ich machen möchte, schon vor mir getan haben. Mich an diesen Personen zu orientieren und sie in allem um Rat zu fragen, hat mir extrem weitergeholfen. In meinem Fall waren es keine großen, sondern viele kleine Fragen, die ich beiläufig gestellt habe. So habe ich immer mehr Klarheit gefunden. Ein Vorbild zu haben und aus der Erfahrung dieser Person zu lernen, hat mir ebenfalls sehr geholfen, meinen Weg zu gehen und meine Ziele im Blick zu behalten. Ich habe verstanden: Du musst nicht jeden Kampf allein durchstehen; hab Mut, Fragen zu stellen!

7. Welche Schwierigkeiten auf deinem Weg haben dich weitergebracht?

Wenn Neues beginnt, sind uns verschiedenste Schwierigkeiten gewiss. Oft lösen sie sich von allein. Ich hatte mit der Schwierigkeit zu kämpfen, dass die Mitarbeitenden in dem Unternehmen, in dem ich meine Ausbildung gemacht habe, nie zufrieden waren. Gegen Ende meines zweiten Lehrjahres haben alle gekündigt, ich blieb mit den Chefs allein zurück und hatte noch ein ganzes Jahr dort vor mir. Oft kam ich frustriert und wütend nach Hause und sah keinen Ausweg. Doch jetzt, nach der Ausbildung, kann ich mit Stolz sagen, dass ich durch die fehlerhafte Führung meiner Chefs extrem viel gelernt habe. Drei Jahre habe ich in einem Umfeld verbracht, in dem ich verstanden habe, wie ich es nicht machen will! Ich habe für mein Leben gelernt. Sicher, für einen Auszubildenden war das eigentlich kein geeignetes Umfeld. Aber ich habe das Beste draus gemacht und viel gelernt.

8. Wer oder was hat dir geholfen, wenn's mal ganz schwer war?

Meine Kollegen haben mir sehr geholfen, auch nachdem sie die Firma verlassen hatten. Es haben sich tolle Freundschaften entwickelt. Das ist für mich das größte Gut dieser Zeit. Da wir häufig dieselben Situationen durchlebt haben und uns über dieselben Dinge aufgeregt haben, waren immer Personen um mich, die ein offenes Ohr hatten und genau wussten, wovon ich rede. Sie haben mir gute Ratschläge geben können und mir damit sehr geholfen, diese Zeit durchzustehen.

9. Dein Lebensmotto?

Tu, was du liebst! Lass dir die Liebe zu dem, was du liebst, von niemandem streitig machen. So findest du zur Wahrheit deines Lebens.

10. Welche Bedeutung hat der Glaube für dich auf deinem Weg?

Ich glaube an den Sinn des Lebens. Glauben bedeutet für mich, mein Leben erfüllt zu leben und stetig nach Glück zu streben. Mit dieser Definition von Glauben kann ich sagen, dass er eine riesige Rolle spielt. Ich versuche mein ganzes Leben danach auszurichten, diesem Sinn zu folgen, oder wie es in dem oben genannten Buch beschrieben wird, dem „Zweck meiner Existenz" nachzugehen. Mein Glaube weist mir täglich den Weg. Er lässt mich verstehen, was ich zu tun habe, um das zu erreichen, was ich möchte.

11. An welches Highlight auf deinem Weg denkst du gern zurück?

Ich fühle mich am Anfang der Reise in mein selbstbestimmtes Leben. Doch es gab schon Highlights. Eines ist, dass aus Kollegen meines Ausbildungsbetriebs Freunde wurden. Wir verbringen privat Zeit miteinander und tauschen uns ehrlich aus. Diese Erfahrung war für mich wie ein Schub, der mich weitergebracht hat.

12. Welche Begegnung war für dein Leben wichtig?

Die wichtigste Begegnung für meinen beruflichen Werdegang war auf jeden Fall die mit dem Kollegen, der mir zum Vorbild geworden ist. Er hat mir gezeigt, wie ich beruflich und persönlich weitergehen kann. Diese Begegnung hat mein Leben verändert. Mein Horizont ist um ein Vielfaches weiter geworden. Ich bin toleranter geworden, kann anders und besser mit schwierigen Menschen und Situationen umgehen. Ich habe gelernt, Dinge, die vor mir liegen, beherzt und zielstrebig anzugehen. Die Begegnung mit diesem Menschen ist eine der größten Bereicherungen für mein Leben.

13. Was macht dich glücklich?

Zum einen macht es mich glücklich, meiner Leidenschaft nachzugehen: Jedes Mal, wenn ich etwas Neues ausprobiere oder fertigstelle, erfüllt mich das mit Freude. Zum andern macht es mich glücklich, Zeit mit den Menschen zu verbringen, die mir etwas bedeuten; werden mir neue Blickwinkel gezeigt und kann ich mich ehrlich austauschen, bringt mich das im Leben weiter. Das Tolle an meinem Beruf ist, dass, ohne dass ich dafür sorgen muss, beides zusammenkommt: die Arbeit, die mich erfüllt,

14. Was möchtest du gern noch erreichen?

Wenn ich meine Ausbildung abgeschlossen habe, beginnt ein neues Kapitel für mich. Ich starte in die Selbstständigkeit. Mein erstes Ziel ist, herauszufinden, ob ich es schaffe, komplett selbstständig für mich zu sorgen. Das ist eine große Herausforderung, doch ich freue mich sehr, mich ihr zu stellen. So werde ich wachsen. Ich freue mich auch auf alles, was mich danach erwartet. Ich bin mir sicher, die Herausforderungen werden nicht kleiner! Aber genauso sicher bin ich mir, dass die Erfolge nicht kleiner werden, im Gegenteil!

15. Dein Impuls für die Lesenden?

Schau dich um. Was macht dir Spaß? Frag dich, wie du dein Leben gestalten willst? Welche Ziele hast du? Wie glaubst du, glücklich zu werden? Nimm dir viel Zeit, denk drüber nach! Setze alles daran, dein Glück zu finden. Wer am Ende seines Lebens nicht glücklich ist, hat seine Zeit verschwendet.

Jans größter Widerstand, den es für ihn zu überwinden gilt, ist seine eigene Unsicherheit. Was hilft dir, deine Unsicherheit zu überwinden?

Jan hat verstanden: „Es gilt das zu tun, was ich liebe." Darin hat er Sinn für sich gefunden. Was liebst du zu tun?

Danke

„Was ist das Leben?“ Diese Frage beschäftigt mich schon seit Jahrzehnten als Mensch unter Milliarden anderer. Leben, diese ewige Bewegung unter der Unendlichkeit des Sternenhimmels, das kostbarste uns anvertraute Geschenk, ausgespannt zwischen Werden und Vergehen, Geben und Nehmen, Aufbrechen und Loslassen, Kommen und Gehen, Planen und Hinnehmen, Bangen und Hoffen, Reifen und Voll-Enden …

Und immer lädt es ein, da zu sein, so gut es geht, ganz da zu sein – jeden Augenblick, mit Haut und Haar. So manches Mal steigt eine Ahnung in mir auf. In meinem Ganz-gegenwärtig-Sein ist verborgen ein Anderer da, der es gut mit uns meint und der von sich gesagt hat: „Ich bin der Weg, die Wahrheit und das Leben!“

In meiner DNA verbirgt und entbirgt sich die DNA dessen, der alles aus Liebe geschaffen hat. Ich bin mit meinem Leben – in aller Freiheit –verbunden, ja verwoben mit dem, der das Leben ist. Ihm sei dieses Buch gewidmet und damit allen, die ich in meinem Herzen trage:
alle, die mit mir als Schwestern und Brüder in der einen Menschheitsfamilie europa- und weltweit
unterwegs sind auf dieser geliebten Erde.

Meinolf Wacker

Übrigens, hier entsteht das Foto der Brücke von Mes in Albanien während des go4peace Sommercamps 2017, zu sehen auf der nächsten Seite.

Über den Autor

Meinolf Wacker, langjähriger Jugendpfarrer des Erzbistums Paderborn und Rektor des Jugendhauses Hardehausen, lässt in diesem Buch junge Leute zu Wort kommen, die er kennengelernt hat. Er begleitete junge Menschen auf 20 lokalen und internationalen Weltjugendtagen und initiierte den bosnischen Friedensweg „Hände für den Frieden", an dem über 2000 Jugendliche unterschiedlichster Weltanschauungen aus 19 Nationen in Aufbau- und Begegnungscamps teilgenommen haben. Aus diesem Engagement entstanden das Jugendzentrum Ivan Pavao II. sowie mehrere Jugendinitiativen in verschiedenen Ländern Europas. Meinolf Wacker ist verantwortlich für das Netzwerk „go4peace", leitet das Projekt „navi4life" und koordiniert in Zusammenarbeit mit jungen Menschen vielfältige soziale Aktivitäten.